JEFFREY TUCKER
POSFÁCIO POR RODRIGO CONSTANTINO

LIBERDADE OU LOCKDOWN

LVM

JEFFREY TUCKER

LIBERDADE
OU
LOCKDOWN

Posfácio por:
Rodrigo Constantino

Traduzido por:
Fernando Silva

São Paulo | 2021

Impresso no Brasil, 2021

Título: Liberty or Lockdown
Copyright © 2021 - The American Institute for Economic Research, Creative Commons Attribution International 4.0.

Os direitos desta edição pertencem à LVM Editora
Rua Leopoldo Couto de Magalhães Júnior, 1098, Cj. 46
04.542-001 • São Paulo, SP, Brasil
Telefax: 55 (11) 3704-3782
contato@lvmeditora.com.br • www.lvmeditora.com.br

Gerente Editorial | Giovanna Zago
Editor | Pedro Henrique Alves
Copidesque | Clara Lostau Navarro
Revisão ortográfica e gramatical | Clara Lostau Navarro / Márcio Scansani - Armada
Preparação dos originais | Pedro Henrique Alves
Revisão final | Pedro Henrique Alves
Elaboração do índice | Márcio Scansani - Armada
Produção editorial | Pedro Henrique Alves
Projeto gráfico | Mariangela Ghizellini
Capa e projeto gráfico | Mariangela Ghizellini
Diagramação e editoração | Rogério Salgado / Spress
Pré-impressão e impressão | Rettec Artes Gráficas e Editora Ltda

Dados Internacionais de Catalogação na Publicação (CIP)
Angélica Ilacqua CRB-8/7057

T891	Tucker, Jeffrey A
	Liberdade ou Lockdown/ Jeffrey A Tucker, posfácio à edição brasileira por Rodrigo Constantino, tradução de Fernando Silva — 1 ed. — São Paulo: LVM Editora, 2021.
	248 p.
	Bibliografia
	ISBN 978-65-86029-32-1
	Título Original: Liberty or Lockdown
	1. Mudanças sociais 2. Ciências sociais 3. Sociologia política
	I. Título II. Constantino Rodrigo III. Silva, Fernando
	CDD-300

Índice para catálogo sistemático:
1. Mudanças sociais

Reservados todos os direitos desta obra.
Proibida toda e qualquer reprodução integral desta edição por qualquer meio ou forma, seja eletrônica ou mecânica, fotocópia, gravação ou qualquer outro meio de reprodução sem permissão expressa do editor. A reprodução parcial é permitida, desde que citada a fonte.

Esta editora empenhou-se em contatar os responsáveis pelos direitos autorais de todas as imagens e de outros materiais utilizados neste livro.
Se porventura for constatada a omissão involuntária na identificação de algum deles, dispomo-nos a efetuar, futuramente, os possíveis acertos.

Sumário

Nota do editor... 11

Prefácio
George Gilder 15

Introdução... 21

Introdução à edição brasileira 31

Parte I | A ESCOLHA

Capítulo 1
Uma crise epistêmica.. 39

Capítulo 2
Sociedade inteligente, pessoas estúpidas 47

Capítulo 3
Seria a imunidade um caso do conhecimento perdido de Rothbard?.. 54

Capítulo 4
O vírus não liga para as suas políticas 59

Capítulo 5
A desumana classe política e sua falta de empatia 64

Capítulo 6
O retorno do brutalismo 68

Capítulo 7
Quando a Insanidade Acabará? 72

Parte II | A CARNIFICINA

Capítulo 1
Por que Eles Fecharam as Escolas? 79

Capítulo 2
Os *Lockdowns* Mataram as Artes............................ 81

Capítulo 3
O *PorcFest* Continuou Aberto............................. 86

Capítulo 3
Que Bem Virá dessa Tragédia?............................. 90

Capítulo 4
O Dia em que os Problemas do Primeiro Mundo se Tornaram Reais.... 94

Capítulo 5
Procedimentos Médicos Adiados: Histórias da Linha de Frente...... 98

Capítulo 6
Dados sobre Suicídios Durante o *Lockdown* Revelam
Tragédia Previsível 105

Capítulo 7
"Perdi a Fé Na Humanidade": O Custo Psicológico do *Lockdown*..... 110

Capítulo 8
Autoritarismo em Auckland 124

Capítulo 9
Loucura em Melbourne 128

Sumário

Parte III | **A HISTÓRIA**

Capítulo 1
O *New York Times* Revive Seu Passado Sombrio.................... 135

Capítulo 2
A Revolução Americana Ocorreu em Meio a uma Pandemia 142

Capítulo 3
Como o Capitalismo Global Fortaleceu Imunidades 146

Capítulo 4
As Origens da Ideia de *Lockdown* em 2006...................... 153

Capítulo 5
As Origens do Fechamento Forçado de Escolas e da Separação
Humana Obrigatória em 2007............................... 160

Capítulo 6
A Aterrorizante Pandemia de Pólio de 1949–1952................ 167

Capítulo 7
Elvis Era Rei, Ike Era Presidente e 116.000 Norte-Americanos
Morreram em uma Pandemia................................. 173

Capítulo 9
Woodstock Aconteceu no Meio de uma Pandemia................ 176

Capítulo 10
Aquele Tempo em que Jesus Ficou de Quarentena................ 180

Capítulo 11
Nossos Dez Dias que Abalaram o Mundo 185

Parte IV | A ESPERANÇA

CAPÍTULO 1
A América redescobre a empatia. 195

CAPÍTULO 2
Pandemias e o caminho liberal 199

CAPÍTULO 3
Haverá reações boas 202
    1. Reação contra a mídia 203
    2. Reação contra os políticos 204
    3. Reação contra o ambientalismo 205
    4. Reação contra o distanciamento social 206
    5. Reação contra as regulamentações 207
    6. Reação contra tudo digital 207
    7. Reação contra o anti-trabalho 208
    8. Reação contra os especialistas 208
    9. Reação contra os acadêmicos 209
    10. Reação contra estilos de vida pouco saudáveis 209
    11. Reação contra gastos 210

CAPÍTULO 4
Macaco Vê, Macaco Faz 211

CAPÍTULO 5
Precisamos de um Movimento *Anti-lockdown* com Princípios 217

Posfácio
Rodrigo Constantino 225

Sobre o Autor 233

Sobre o AIER 237

Índice Remissivo e Onomástico 241

LIBERDADE
ou
LOCKDOWN

NOTA DO EDITOR

Nota do editor

*L*iberdade e Lockdown com certeza tem muitas virtudes, entre elas a sempre eficaz capacidade de Jeffrey Tucker transmitir com clareza argumentativa aquelas ideias que cultivamos, mas não sabemos explorar da forma correta, ou expor de maneira convincente. Além disso, Tucker sai na vanguarda de uma discussão que deve perdurar os próximos anos e alimentar inúmeras contendas nos vários rincões políticos mundiais.

Mas, se são grandes os benefícios de ser desbravador de uma temática quase virgem, os males naturais também hão de acompanhar os bravos bandeirantes. Um desses males que assolam aqueles que se aventuram em tratar de temas muito atuais é ter que lidar com a natural mudança de paradigmas e cenários que advém do avanço do tempo. Este é um dos desafios que o livro traz em sua construção, pois alguns dados citados já foram atualizados e problemas que, no início, pareciam ser menores, mostram-se agora maiores — o contrário também é verdade, cabe pontuar.

Para exemplificarmos, hoje temos variadas cepas da Covid-19, situação que no final de agosto e início de setembro de 2020 — data de lançamento do livro nos EUA — não era um problema real. Como o caso da cepa dita "brasileira", que contamina com maior gravidade uma faixa etária mais jovem — comparado ao vírus original que Tucker inicialmente analisou. E do aparecimento de reinfecções que, ainda que raras, está sendo estudado.

Assim sendo, o texto se depara com o muro do momento e com o fluir da evolução histórica. Não obstante, e vocês lerão com os próprios olhos, a virtude da obra jaz exatamente nos *insights* e na lucidez quase profética que o autor demonstra ao tratar de temas ainda nascentes, contrapondo os fatos daquele instante com história já conhecida, com análises de dados e projeções filosóficas certeiras.

Por fim, apesar de dados superados e contextos descontinuados, a obra tem um caráter atemporal que faz dela uma necessária pílula de sanidade em tempos de caos. Tucker costura uma argumentação que transcende o agora, o 2020 e o 2021, e com certeza continuará, apesar do futuro e suas novidades, a ser lido durante um bom tempo.

Pedro Henrique Alves
Editor.

PREFÁCIO | *George Gilder*

Prefácio

No final de abril de 2020, com relatos de queda acentuada de mortes por causas diversas, a crise da Covid-19 já havia, essencialmente, acabado.

Aumentavam indícios de que essa "nova mania viral", como a chamei, era muito menos grave do que as gripes anteriores de 1918, 1958 e 1968, que não resultaram em *lockdowns* ou no fechamento de negócios, apesar de cada uma delas ter resultado em milhões de mortes ao redor do globo. Com a idade média das mortes pela Covid-19 na casa dos oitenta e cinco anos em Massachusetts, onde resido e de onde faço loucas suposições, os números reais da mortalidade pela doença afundaram no ruído estatístico.

Por que estou lhe dizendo isso, quando você tem em mãos esse trabalho inspirador e confiável do eminente Jeffrey Tucker, que dominou todos os dados e os transcendeu com um chamado redentor à sanidade e à ciência real?

Com as mortes pela Covid-19 chegando a uma idade mais avançada do que a expectativa de vida normal e com a crise evidentemente extinta, a nova pandemia da tragédia irrompeu como um pânico na política. Com crescente espanto contemplamos uma comédia estilo *M.A.S.H.* de administradores hospitalares e fantoches cobrindo seus "SEs", "Es" e "MAS" com estatísticas cada vez mais mórbidas e distorcidas.

Em setembro, os Centros de Controle de Doenças (CDC) reconheceram que somente 6% de todas as mortes nos Estados Unidos da América vieram, exclusivamente, da Covid-19.

O número médio de comorbidades, como diabetes e câncer, era de 2,6%. Assim, as mortes indiscutivelmente pela Covid-19 (causadas exclusivamente pelo coronavírus) haviam atingido somente um total, nos EUA, de cerca de dez mil ao final do verão. Isso é menos do que a gripe comum, que leva muito mais jovens.

À medida em que as mortes despencavam, governadores obtinham poderes de emergência cada vez mais extremos. Testando seus cidadãos prodigamente, eles, obsessivamente, contabilizaram positivos como "casos". No entendimento de Tucker, os positivos são, cada vez mais, "falsos positivos" estatísticos, uma vez que a grande maioria dos participantes do teste está livre da doença. Acompanhada de nenhum sintoma, tornou-se uma doença tão terrível em seus efeitos que você não podia dizer que a tinha.

O país se dividiu em dois, com os "estados escravagistas" do Norte e do extremo Oeste repletos de máscaras e *lockdowns*, e os estados livres no Sul, tais como Geórgia, Flórida e Texas, onde governadores se recusaram a levar a "foice e o martelo" para suas economias.

A crise atingiu, principalmente, os políticos e o médico político dr. Fauci, que, credulamente, havia aceitado e alardeado o que o estatístico William Briggs chamou de "a mais colossal e cara previsão exagerada de todos os tempos"[1].

Uma notória história de horror estatística de milhões de mortes projetadas, banhada a incenso e com toques lúgubres do Imperial College de Londres à Escola de Saúde Pública de Harvard, que levou os políticos a imporem um *lockdown* delinquente na economia. Teria sido um ultraje mesmo que as suposições não estivessem sido tão astronomicamente incorretas.

Achatar a curva sempre foi uma missão tola, o que aumentou o dano.

Já em abril, um estudo global publicado em Israel pelo professor Isaac Ben-Israel, presidente da Agência Espacial Israelense e do Conselho em Pesquisa e Desenvolvimento, mostrou que "a propagação do coronavírus cai para quase zero após setenta dias — não importa em que lugar ele ataque e nem quais medidas os governos imponham para tentar impedi-lo"[2].

As conclusões desse estudo foram repetidamente confirmadas nos meses subsequentes, como Jeffrey Tucker documenta neste profundo e incendiário livro. Ele cobre o início dos *lockdowns*, a ultrajante resposta política, o pesado custo psi-

---

[1] BRIGGS, William M. "Coronavirus Update X: Juicing the Numbers, Prolonging the Pain". *William M. Briggs*, 14 de abril de 2020.
[2] BEN-ISRAEL, Isaac. "The End of Exponential Growth: The Decline in the Spread of Coronavirus". *The Times of Israel*, 19 de abril de 2020.

Prefácio

cológico e médico, os imensos custos econômicos, a história dos vírus do século XX e a resposta política e muito mais. Inclusive, e especialmente, a cobertura midiática irresponsável que ajudou a alimentar e a esconder o pânico político.

Como ele demonstra, esse vírus, tal qual todas as gripes virais anteriores, dará lugar apenas à imunidade de rebanho e à imunidade natural da maioria dos seres humanos aos piores efeitos. Seja através da propagação natural de um patógeno extremamente infeccioso, ou através do sucesso de uma das centenas de projetos de vacina, ou através da mutação do vírus para uma previsibilidade onipresente como a do resfriado comum, o vírus se tornará um evento trivial.

Nesse ínterim, nenhuma evidência indica que esse vírus era excepcionalmente perigoso, exceto em asilos e prisões densamente povoados com pessoas já vulneráveis. Em 20 de março de 2020, os franceses publicaram um grande estudo controlado, mostrando não haver mortalidade excessiva por coronavírus em comparação com outras gripes. A SARS e a MERS[3] eram ambas muito mais letais e não ocasionaram a destruição da economia, das artes e da vida normal.

Sabemos agora que a crise foi uma comédia de erros. Os chineses, evidentemente, deixaram isso acontecer nos mercados de morcegos crus de Wuhan. Contudo, juntamente com os coreanos, os chineses hesitaram, vacilaram e permitiram seis semanas de propagação rampante para criar imunidade de rebanho, antes que começassem a trancar todo mundo. Consequentemente, chineses e coreanos estiveram entre os primeiros a se recuperarem.

Os italianos assustaram a todos com seu sistema de saúde desordenado e idosos fumantes. Apinhados em metrôs e habitações populares, os nova-iorquinos registraram um breve relato de casos extremos. Intubações e ventiladores empurrados garganta abaixo não ajudaram (80% morreram). Isso semeou medo e frustração entre o pessoal médico, lentos em perceber que o problema era hemoglobina debilitada no sangue ao invés de danos pulmonares.

A mídia nova-iorquina aumentou o pânico com relatos falsos sobre o aumento de mortes. "Mortes por coronavírus" dispararam ao se presumir que as pessoas morrendo com o vírus estavam morrendo por causa dele e, em seguida, atribuía-se ao coronavírus outras mortes entre pessoas com sintomas de insuficiência pulmonar, mesmo sem terem sido testadas.

---

[3] A síndrome respiratória aguda grave (SARS) e a síndrome respiratória do Oriente Médio (MERS) são causadas por variantes do coronavírus. (N. E.)

A taxa de mortalidade aumenta com mais reclassificações de mortes por pneumonia e outras mortes pulmonares. Quando atingirmos a imunização de rebanho e quase todos tiverem o antígeno, praticamente todas as mortes poderão ser registradas como Covid-19. Poderá se tornar *Quod Erat Demonstrandum* ["como se queria demonstrar", em latim] para os instigadores de pânico.

Em uma fascinante carta aberta à primeira-ministra alemã Angela Merkel, o epidemiologista Sucharit Bhakti conclui que, com o estudo francês, corroborado pelas descobertas de um estudo de Stanford de soro prevalência de anticorpos no condado de Santa Clara, "o argumento das medidas extremas colapsa como um castelo de cartas". Bhakti afirma que, uma vez o vírus já tendo se disseminado amplamente entre a população em geral, esforços para impedir maiores avanços são tão fúteis quanto destrutivos.

Portanto, vamos parar de fingir que nossas políticas tenham sido racionais e precisam ser eliminadas gradativamente, como se tivessem tido algum propósito. Elas deveriam ter sido revertidas sumariamente em março e reconhecidas como um erro perpetrado por estatísticos munidos com modelos de computador errôneos. Ao invés disso, fomos sujeitados a seis meses de inferno, tudo lindamente documentado por Tucker.

Outra falha dramática em 2020 sinaliza o fracasso das classes intelectuais em se manifestar. Os libertários civis se calaram. A centro-esquerda se tornou totalmente a favor do *lockdown*, provavelmente por razões políticas, independente do custo.

De certa forma, ser pró-*lockdown* se tornou uma ortodoxia. Dissidentes temiam por seus empregos e reputações. De repente, durante esses tempos, favorecer a vida normal e a liberdade de associação se tornou um crime de pensamento.

É por esse motivo que o Instituto Americano de Pesquisa Econômica (AIER) se tornou uma voz tão crucial. Mesmo em janeiro, antes do resto do mundo perceber o que estava ocorrendo na China, o AIER pedia para respondermos a esse vírus através de meios médicos e não políticos. O mundo deveria ter escutado. Com o livro de Tucker agora disponível, temos um apelo crescente e abrasador para nunca mais fazermos isso.

É liberdade ou *lockdown*. Nós temos que escolher.

George Gilder
Setembro de 2020

INTRODUÇÃO

Introdução

Para a maioria dos norte-americanos, o *lockdown* da Covid-19 foi nossa primeira experiência de total negação da liberdade. Negócios forçados a fechar. Escolas fechadas a cadeado. Igrejas, também. Teatros, mortos. Disseram-nos para ficarmos em casa, sob risco de multas caso saíssemos e prisão caso não pagássemos. Não podíamos viajar. Separados dos entes queridos. Esse trabalho é essencial, aquele não é. Essa cirurgia está cancelada, essa outra não está. Você quer receber uma visita de outro país? Esqueça. Do estado vizinho? Somente com uma quarentena de duas semanas.

Nosso mundo estava, em um dado momento, visivelmente dividido entre os fazedores de regras e os seguidores e essas regras seriam percebidas como completamente arbitrárias, mas estritamente aplicadas. Todos os nossos clichês cívicos sobre liberdade, democracia, bravura e direitos tornaram-se nulos e vazios.

Fomos forçados a passar, dia após dia, sob efetiva prisão domiciliar, girando sem rumo nesse pequeno e indesejado mundo de cativeiro, pensando a respeito de grandes coisas, antes desconsideradas: por que isso aconteceu comigo? O que deu errado? Por que estou aqui? Quando isso irá acabar? Quais são meus objetivos? Qual é o propósito da minha vida?

Foi uma transformação para todos nós. A escuridão nos encontrou repentinamente, muito embora, durante as primeiras duas semanas de março de 2020, todos tenhamos sentido que algo dramático estava acontecendo. Os perigos do vírus eram suficientes para nos assustar, mas também sabíamos que, nesses tempos hiperpolitizados, uma doença não seria percebida como uma questão a ser resolvida entre médico e paciente. Caberia às decisões das pessoas que ocupavam o poder na época, junto com seus assessores.

Haveria alguma resposta política, algum teste dos poderes do Estado, embora não soubéssemos em que medida e forma. Não poderíamos ter imaginado, naqueles dias, que toda a população estaria sujeita a um sádico experimento social em nome de uma mitigação de um vírus. Não poderíamos ter imaginado que todas as liberdades e direitos, antes considerados por nós como naturais — escolha de lazer, comer fora, viajar, profissão e educação — seriam tiradas de nós em uma questão de dias e devolvidas, lentamente, ao longo de seis meses (ou mais).

Durante esse tempo, encontramo-nos controlados por um novo protocolo social enquanto dávamos voz a uma nova e estranha linguagem. A separação humana forçada recebeu o paradoxal rótulo de "distanciamento social". Fechamentos brutais de negócios foram chamados de "contenção direcionada em camadas"[4]. Prisão domiciliar foi rebatizada como "intervenção não-farmacêutica". Todos nos tornamos parte de um jogo experimental, encorajados a vermos a nós mesmos como pontos em curvas em forma de sino, que precisávamos ajudar a achatar, e propagações virais que precisávamos tornar mais lentas.

Sofremos para reduzir o sofrimento. Sacrificamos para minimizar o sacrifício. Fomos banidos de academias de ginástica para nossa própria saúde, barrados em locais de culto para a nossa própria edificação, impossibilitados de trabalhar para que nossos senhores pudessem fazer seu trabalho em um vírus que não podiam ver e fomos impedidos de viajar para conter movimentos populacionais para que profissionais médicos pudessem melhor testar, rastrear e identificar a todos nós.

O que nos era permitido fazer? Encontrar um novo caminho, sem muito do que estávamos habituados a fazer, tal como ver amigos, passear no centro da cidade, fazer escolhas, ir aqui e ali. Ao invés disso, apenas assistir à televisão. Empanturrando-nos de filmes antigos, pois todos os lançamentos tinham sido suspensos. Fazendo chamadas de vídeo. Indo rapidamente às lojas, desde que você voltasse logo para casa. O direito de ir a um funeral, ir ao escri-

---

[4] Em inglês, Targeted Layered Containment, ou TLC, o que outrora significou "tender loving care" no léxico norte-americano, isto é, "cuidado afetuoso amoroso", em português. (N. T)

tório, fazer uma limpeza nos dentes, dar uma festa, ir à praia, comprar alguns sapatos, tomar um drinque em seu bar favorito, fazer uma viagem, de repente, tudo isso era ilegal. Nossas escolhas foram asfixiadas e nossa vidas foram reescritas em nome da saúde pública.

As crianças, o que aconteceu com elas? A elite administrativa descartou todo o conhecimento sobre suas vidas. Tudo o que os pais tinham como certo, tudo o que já haviam pago, chegou ao fim. Os estudantes, o que aconteceu com eles? Foram trancados do lado de fora de seus dormitórios e direcionados para aprenderem *on-line*.

As pessoas com tudo a ganhar com o *lockdown*, não tinham nada a perder; as pessoas sem nada a ganhar, perderam tudo.

Mesmo enquanto escrevo, com o princípio do outono no ar, não podemos ir ao cinema, caminhar em ambientes fechados sem máscaras, dar grandes festas, ou ir a eventos. Não temos somente os governos e a polícia, mas, mais ainda, os cumpridores sinceramente severos entre os cidadãos, ainda mais zelosos do que os centros de controle de doenças, ansiosos por reportarem todos os dissidentes à polícia de saúde. E pelo quê? Usar uma máscara no queixo em vez de ser na boca, ou somente na boca no lugar da boca e nariz, ou talvez por se envolverem em atividades criminosas como caminhar de costas em um corredor de supermercado de mão única.

Tenho escrito a respeito de pandemias e liberdade durante quinze anos. Eu sabia existirem, desde 2005, planos para quarentenas em massa. Sabia, desde 2006, existirem fanáticos aí fora que imaginavam poder usar a força do Estado para suprimir um vírus através da supressão de nossas liberdades. Os planos estavam ao alcance e eu escrevi para alertar serem conceitualmente possíveis. Mesmo assim, nunca imaginei que tais planos seriam tentados. Por que e como isso aconteceu?

Na verdade, o porquê tem pouco, ou nada, a ver com a conhecida e estabelecida ciência de vírus e sua mitigação. O *ethos* político predominante, que nos atingiu no início de março de 2020, foi emprestado de um dos impulsos mais primitivos, operacionalizado pela última vez na Idade Média: uma doença é um miasma do qual devemos correr e nos esconder. Outro veio do mundo antigo: presuma que todos estejam carregando um patógeno mortífero. Todos, verdadeiramente. Mesmo crianças com suscetibilidade próxima a zero. Outra prática pré-moderna contra o vírus de nosso tempo é, basicamente, originária dos mitos de escola primária a respeito de "piolhos" (chamados no Reino Unido de "alergias infecciosas")[5].

Essas superstições de base foram embaladas e entregues para todos nós por um aparato de mídia altamente irresponsável, faminto por cliques e compartilhamento de ideias, para depois ser dada a fachada científica pelos novatos da epidemiologia: os modeladores baseados em agentes. De alguma maneira, toda a lei, filosofia, tradição, economia e, até mesmo, todas as outras áreas médicas curvaram-se perante suas loucas projeções computadorizadas de morte em massa. Porém, disseram eles, havia um caminho para prevenir a morte de um em seis de seus amigos. Você precisa ficar recluso, vivendo sob suas austeras regras, com governadores, primeiros-ministros, prefeitos e presidentes servindo-os feito criados.

Havia dissidentes, grandes mentes da profissão da pesquisa médica, gente com currículos poderosos, em posições de prestígio. Incrivelmente, seus vídeos foram, frequentemente, removidos pelos gigantes da tecnologia por violarem termos de serviço. Estivemos, perigosamente, perto de conseguir censura total dos dissidentes. Quanto mais implausível era a base para a destruição de nossas vidas, mais estritos se tornavam os controles sobre a informação que poderíamos receber.

Os políticos entraram em pânico. Eles temiam serem culpados por toda e qualquer morte resultante desse vírus, ao mesmo tempo se esquecendo de todas as outras doenças. O medo da Covid-19 eliminou qualquer outra consideração. Era loucura, mas deveria ter durado apenas algumas semanas, até ter se estendido por mais de seis meses.

Por que não nos revoltamos? Parte do motivo é o estado de choque da maioria de nós. Precisávamos acreditar que havia uma boa razão, alguma lógica para essas políticas. Porém, à medida que as semanas e os meses passavam, a terrível verdade começou a aparecer para mais e mais pessoas. Tudo isso havia

---

[5] Na Grã-Bretanha, os piolhos são conhecidos pelo nome de *lurgy*, que seria algo como uma "alergia altamente infecciosa". O apelido surgiu como corruptela de *allergy* [alergia] num programa de comédia na rádio britânica BBC, *The Goon Show*, em 1954. No episódio, a personagem Neddle Seagoon — interpretado pelo ator Harry Secombe — deveria lidar com uma epidemia de uma doença altamente perigosa e infecciosa conhecida como *Dreaded Lurgy*. (N. E.)

Introdução

sido por nada. Havíamos destruído o país, e grande parte do mundo, e tudo aquilo que as pessoas haviam trabalhado duro para construir durante séculos, para tentar algo nunca feito antes. Não funcionou. O vírus seguiu seu próprio caminho, e hoje ficamos com esses destroços.

À medida em que escrevo hoje (1º de setembro de 2020), sinto-me cada vez mais embasado pela pesquisa e ainda mais otimista de que iremos atravessar isso, que o mundo reabrirá novamente e poderemos começar a reconstrução. O trabalho diante de nós não é somente nacional, institucional e econômico. Também é psicológico. Nossas vidas foram despedaçadas de maneiras incríveis.

Não somos os primeiros a passar por isso. É algo experimentado por prisioneiros e por populações que passaram anteriormente por *lockdown*. Durante o pior dos *lockdowns*, encontrei conforto na leitura — muitas e muitas vezes — do livro clássico e espantosamente brilhante de Albert Camus (1913-1960), *A Peste*, de 1947[6]. Existe um capítulo descrevendo a vida interior de pessoas que experimentaram um *lockdown* pela primeira vez. Ele aconteceu repentinamente na presença de uma doença mortífera. Toda a cidade de duzentas mil pessoas fechou. Ninguém entrava ou saía.

É ficção, mas real até demais. Lê-lo lentamente, e quase em voz alta, é uma experiência interessante. A poesia da prosa é incrível, mas ainda mais fantástica é a profundidade do conhecimento do funcionamento interno da mente.

> Uma das consequências mais marcantes do fechamento dos portões foi, de fato, essa súbita privação que se abateu sobre pessoas completamente despreparadas para isso [...]. Esta privação drástica e nítida e a nossa completa ignorância do que o futuro reservava pegou-nos de surpresa; não fomos capazes de reagir ao apelo mudo de presenças, ainda tão próximas e já tão distantes, que nos assombravam o dia inteiro [...]. A praga os forçava à inatividade, limitando seus movimentos à mesma rotina enfadonha dentro da cidade e lançando-os, dia após dia, no ilusório consolo de suas memórias. Pois nas suas caminhadas sem rumo, continuavam a voltar às mesmas ruas e, geralmente, devido à pequenez da cidade, eram ruas por onde, em dias mais felizes, haviam caminhado com os que agora estavam ausentes.

---

[6] CAMUS, Albert. *The Plague*. Estados Unidos da América: Random House, 1947. Disponível para leitura e *download* por meio do *site Archive.org*.

E então, percebemos que a separação estava destinada a continuar. Não tínhamos escolha a não ser aceitar os dias que viriam. Em suma, voltamos para a nossa casa-prisão, não tínhamos mais nada além do passado e, mesmo que alguns se sentissem tentados a viver no futuro, precisariam abandonar rapidamente a ideia — de qualquer forma, o mais rápido possível — assim que sentissem as feridas que a imaginação inflige a quem se entrega a ela.

[...] Nesses momentos, o colapso de sua coragem, força de vontade e resistência era tão abrupto, que sentiram nunca poderem se arrastar para fora do abismo de desânimo em que haviam caído. Por isso, obrigaram-se a nunca mais pensar no problemático dia da fuga, a deixar de olhar para o futuro e a manter sempre, por assim dizer, os olhos fixos no chão a seus pés [...]. Assim, em um curso intermediário entre essas alturas e profundidades, eles vagaram pela vida em vez de viver, presas de dias sem rumo e memórias estéreis, como sombras errantes que poderiam ter adquirido substância apenas consentindo em se enraizarem na terra sólida de suas angústias [...].

Hostis ao passado, impacientes com o presente e iludidos com o futuro, éramos muito parecidos com aqueles que a justiça, ou o ódio dos homens, obriga a viver atrás das grades.

Como saímos disso? Refletindo, aprendendo e agindo sobre a promessa da renovação. Ela pode acontecer, mas somente quando chegarmos a um completo acordo com a dura escolha entre liberdade e *lockdown*. Liberdade é correta e funciona. *Lockdown* é errado e não funciona. Não é complexo, porém requer coragem e determinação para viver esse princípio. Os Estados Unidos da América foram fundados sob o princípio da liberdade como um direito. Devemos reclamar isso. Devemos trabalhar para tirar o poder discricionário de *lockdown* de nossos líderes. Devemos reclamar a confiança e esperança no futuro.

Este livro é uma montagem de meus escritos durante os últimos meses, colocados em uma ordem que faz sentido e editados para atualizar a informação. Eles cobrem história, política, economia e a relevante ciência a que pertencem. Especialmente neste último tópico, tenho sido muito cuidadoso, apoiando-me no conhecimento de outros com quem tanto aprendi.

Todos os escritos foram publicados pelo Instituto Americano para Pesquisa Econômica (AIER), que se encontrou na posição de grande distribuidor de pesquisa e análise crítica da maior crise causada por um governo durante nossas vidas. O AIER estava perfeitamente posicionado para fazer isso, mas devo lhe dizer que não tem sido fácil. Fomos submetidos a denúncias, censuras, vergonha, ameaças e, pior ainda, advindas de pessoas que não acreditavam que deveria existir qualquer dissidência.

É algo maravilhoso trabalhar como diretor editorial no AIER e minha dívida para com meus colegas é incalculável: Edward Stringham, Peter C. Earle, Phillip Magness, Alexander Gleason, Micha Gartz, Thomas Hogan, Brad DeVos, Patricia Areano, Robert Wright, Daniel Klein, Stephen Miller, Joakim Book, David Schatz, Art Carden, Richard Ebeling, Donald Boudreaux, Veronique de Rugy, Charles Cole, Ethan Yang, Fiona Harrigan, David Waugh, Vincent Geloso, Jennifer Nuzzo, Knut Wittkowski, Raymond Niles, Robert Hughes, Lucio Eastman, Roger Koops, Jason Kelly, Taleed Brown, George Gilder, Stacey Rudin, Richard Salsmann, Alexander Salter, as muitas contas de *Twitter* que têm sido tão fantásticas em pesquisar e disseminar informações dignas de confiança, os acadêmicos heroicos que persistiram com pesquisas completamente confiáveis e a toda a equipe do AIER e todos aqueles que trabalharam conosco como parceiros nessa grande missão.

Uma pessoa muito especial vem à mente agora: Warren Smith (1946-2020). Ele começou a se corresponder comigo com encorajamento entusiástico por meus escritos. Suas notas significavam tanto para mim, e foi ele quem me encorajou a compor este livro. Ele deu ainda uma generosa contribuição ao AIER para tornar isso possível. Sua última nota para mim foi escrita na UTI do hospital. A próxima correspondência veio de sua filha, informando-me a respeito da sua morte. Ela me tocou profundamente, então, eu soube que precisava completar a tarefa. Dedico este livro a Warren Smith e à sua memória.

O vírus desaparecerá da opinião pública como os vírus costumam fazer: de maneira pouco auspiciosa à medida que nossos inteligentes sistemas imunológicos incorporem suas propriedades a nossos códigos de resistência internos. Contudo, precisaremos encarar uma nova luta durante os próximos anos com respeito ao que iremos tolerar de nossas autoridades oficiais e do quanto priorizaremos a manutenção de nossos direitos e liberdades. Essa escolha é algo a ser enfrentado em nossas próprias vidas para, em seguida, trabalharmos para ver instanciada nas estruturas jurídicas das sociedades que, esperamos, possam manter sua liberdade.

INTRODUÇÃO À EDIÇÃO BRASILEIRA

INTRODUÇÃO À EDIÇÃO BRASILEIRA
Não mais lockdowns, nunca mais

Jeffrey Tucker

Enquanto escrevo este texto, e com muito espanto e tristeza, o mundo ainda está acorrentado. Correntes estas criadas por governos. Eles aprisionam as escolhas e ações de seus cidadãos em nome do controle de um vírus. Eu esperava que a loucura dos *lockdowns* terminasse dentro de algumas semanas após sua imposição, uma vez que os dados demográficos apontavam um resultado grave. Contudo, diante de uma terrível combinação de fatores — a ignorância do governo e das pessoas e o medo, o frenesi da mídia, a censura das grandes empresas de tecnologia, o clamor da falsa ciência do *lockdown* e a indisposição de parte da indústria do *lockdown* em admitir o erro — eles continuaram por todo ano e perduram até hoje.

No dia em que escrevo, Paris e Berlim estão novamente sob *lockdown*, São Paulo é brutalizada e grandes regiões da Europa ocidental e oriental estão experimentando uma terceira onda de fracasso. Anthony Fauci está por toda mídia norte-americana praticamente negando que a imunidade em seres humanos exista em qualquer forma, crianças ainda estão afastadas das escolas, negociantes estão sendo forçados a aceitar rituais absurdos apenas para sobreviverem, grande parte dos membros da classe dominante desfila com máscaras e numa afetação teatral de que estariam seguindo a ciência e o povo cansado está massivamente dividido entre aqueles que querem acreditar nas autoridades e aqueles que perderam toda a credulidade na saúde pública.

Nossas comunidades estão estilhaçadas, nossos templos de oração em diáspora, nossos espíritos esmagados e nossas expectativas de uma vida melhor em farrapos.

Igualmente derramam-se sobre nós os devastadores dados sobre as consequências do *lockdown*. Os custos econômicos são alarmantes, bem além do que qualquer um de nós poderia ter imaginado ver. O mesmo para os custos culturais, com as artes e a música devastadas, juntamente com as indústrias que lhes dão suporte. Os mais interessantes, e possivelmente contraintuitivos, são os custos relacionados à saúde pública propriamente: os rastreamentos de câncer esquecidos, as consultas perdidas, a prevalência de ideações suicidas, o número recorde de *overdoses* por drogas, o alcoolismo e o desespero mental e emocional. Quanto as questões dos direitos humanos — liberdade de expressão, viagens, devoções, aprendizado, comércio — todas estão sendo postas em discussão.

É verdade que partes do mundo estão completamente livres do *lockdown*, e ainda bem! Estes lugares não estão vivendo os piores resultados, e sim mais positivos, em se tratando dos severos aspectos dessa doença, do que aqueles que ainda experimentam os *lockdowns* vigentes. De fato, no último ano, o Instituto Americano para Pesquisa Econômica (AIER) documentou cuidadosamente trinta e um estudos detalhados das relações empíricas entre *lockdowns* e mitigação de doenças e não encontrou nenhuma correlação e, consequentemente, nenhuma relação causal. Mais evidências surgem a cada dia: esse é um vírus normal, com imunidade natural e com características específicas que devem ser atendidas por profissionais médicos, um de cada vez — não algo a ser lidado por políticos e seus conselheiros com agendas políticas que não têm nada a ver com saúde pública.

Nos últimos quinze anos, eu tenho me envolvido no debate quanto ao papel do governo no controle de doenças. Até o ano passado, o consenso dos especialistas era o de que governos possuem um papel limitado, simplesmente por causa da capacidade dos patógenos em superar as melhores intenções dos poderosos e seus planos. Na era de ouro da saúde pública do século XX, métodos brutais como quarentenas, fechamentos, máscaras obrigatórias, encerramentos, restrições para viajar e a ordem universal "fique em casa" foram especificamente descartados por serem contraproducentes, altamente perturbadores e sem eficácia para alcançarem a tarefa de minimizar os estragos de novos patógenos. Os poderes para fazer tudo isso existem há quinze anos, possivelmente por mais tempo, mas não foram implantados por boas razões.

Por razões que se tornarão gradualmente mais claras com o tempo, 2020 se tornou o ano de um grande experimento. De repente, "intervenções não-farmacêuticas" tomariam o lugar das nossas leis, das nossas bem estabelecidas tradições de liberdade e amor pela paz e prosperidade, até mesmo, dos ideais Iluministas. Colocamos o medo acima da racionalidade, divisão acima da comunhão, poder acima dos direitos, experimentos radicais acima da ciência estabelecida e pretensões intelectuais de uma pequena classe dominante acima dos interesses da ordem social.

Foi tão chocante e inexplicável que a maioria da população mundial tivesse assentado num estado confuso de delírio, mês após mês, colados a telas com eruditos pregando para nós diariamente que tudo isso era necessário e bom. E ainda, todos nós nos lembramos que a humanidade sempre viveu em meio a novos e velhos patógenos. Nós lidamos com eles e os enterramos juntamente com um contrato social implícito sobre doenças infeciosas: nós nada fizemos senão concordar em construir uma civilização e experimentar o progresso social, ao tratar doença e morte como algo a ser mitigado no contexto dos direitos humanos. Pela primeira vez, tentamos um *lockdown* global como o roteirizado pelas elites científicas.

Portanto, escrevendo isto um ano depois, estou satisfeito em dizer que os dias de choque e temor acabaram, gradualmente sendo substituídos pela desilusão com a classe dominante e pela incredulidade quanto àqueles que impuseram isso a nós. Não há poder na Terra forte o suficiente para esconder tal verdade. A verdade existe dentro do reino das ideias; este é o reino da reprodutibilidade infinita, maleabilidade e portabilidade, sujeito somente à vontade do curioso e corajoso, que diz a verdade de todas as maneiras possíveis e a quantas pessoas for capaz e em todas as plataformas disponíveis. É assim que a verdade vence, alcançando uma mente de cada vez.

Todos nós fomos testados ao longo do ano de 2020. Quais são os nossos compromissos intelectuais? Nós realmente acreditamos neles, ou os adotamos por questões profissionais? A quais pressões todos nós sucumbiremos na tentativa de renunciar nossos princípios em troca de prestígio? O quanto estamos dispostos em abrir mão com o intuito de lutar por uma causa maior do que nós mesmos? Este ano, eu estou rodeado por heróis que me inspiraram — Deus os abençoe! — e por outros que não quiseram se erguer quando suas vozes eram as mais necessárias, para a minha tristeza.

Pondo isso à parte, vamos todos admitir algo: alguma parte de nós rompeu com esses *lockdowns*. Ninguém quer viver num mundo no qual os nossos direitos essenciais e liberdades possam ser garantidos e retirados, baseado nos julgamentos de um punhado de cientistas que não possuem qualquer respeito por nossas tradições de leis. Isso se chama tirania. Nós agora sabemos o quão terrível é. E o quão inútil. O quão desmoralizante. O quão pavoroso e inescrupuloso.

De alguma maneira, eu sempre procuro ver o lado bom, não somente por causa da minha personalidade como também porque sempre há um. O lado bom é que a grande parte do planeta viveu a apoteose do estatismo, essa medonha ideologia que postula que a força é a melhor maneira de organizar o mundo no lugar da escolha. Nós nos envolvemos nisso, enquanto sociedades, por quase cem anos e, de repente, em um ano nós entramos com tudo, somente como um teste. E este teste fracassou por completo. Sabemos disso em primeira mão. Enquanto escrevo, estou certo de que vimos o pior disso.

Agora é a nossa chance — agora mesmo — de escolher outro caminho. Nós não precisamos planejar cada detalhe. Nós não precisamos de um plano alternativo. E não se trata somente de conseguir um novo grupo de líderes políticos. O que precisamos é de uma outra filosofia. Eu humildemente sugiro que a filosofia que construiu a civilização moderna — aquela que, certa vez, chamamos de liberalismo — será uma ótima base. Vamos acreditar nisso, dar suporte, institucionalizar, proteger e lutar por isso. Ao fazê-lo, nós não estamos trabalhando somente em prol de nossos próprios interesses, mas também no bem comum de todos.

Não mais *lockdowns*. Nunca mais.

PARTE I | A ESCOLHA

CAPÍTULO 1

Uma crise epistêmica

Essa crise pandêmica nunca teve a ver com saúde e economia. Desde o início da pandemia, experimentamos um colapso epistêmico. A questão central relacionada: conhecimento. Informação. Informação precisa. O quanto isso era mortífero? Quais eram os riscos? Como alguém se infectava? Quais as características demográficas das fatalidades? A geografia da transmissão? O quanto era contagioso, o quanto era mortífero, como poderíamos saber, e como poderíamos descobrir? Em quem poderíamos confiar com tantas informações vastamente divergentes lá fora?

O caos da informação começou em janeiro de 2020, em vídeos vindos de Wuhan, China, com policiais vestindo roupas de proteção química, arrastando pessoas de seus apartamentos e jogando-as em quarentena. Tudo parecia aterrorizante. As pessoas ainda não haviam entrado em pânico. Acima de tudo, a mídia estava tentando manter as pessoas calmas.

No começo de março de 2020, a revista *Psychology Today* publicou um artigo sobre por que não deveríamos entrar em pânico[7]. "É assustador pensar que exista um inimigo invisível aí fora para fazê-lo adoecer. Porém, seu médico não está entrando em pânico e você também não precisa". A publicação de centro-esquerda *Slate* disse o mesmo: "A taxa de mortalidade da Covid-19 não é tão alta como pensamos". "Não estoquem máscaras e comida. Descubra como ajudar os idosos e os imunossuprimidos a se manterem saudáveis", disse

---

[7] ESCALANTE, Alison. "Why your Doctor Is not Panicking about the Novel Coronavirus". *Psychology Today*, 2 de março de 2020.

o artigo[8]. Anthony Fauci disse para o jornal *USA Today* que o risco representado pela Covid-19 era "minúsculo"[9].

Todos estavam fazendo o seu melhor com os dados que tínhamos e podíamos acessar graças à mídia digital, *websites* como *OurWorldinData* e *Worldometer*, simplesmente porque a página oficial do governo no Centro de Controle de Doenças (CDC) não oferecia dados suficientes e seus empregados, aparentemente, tinham saído para o fim de semana[10]. Baseado no que havíamos visto, as taxas de infecção estavam caindo, desafiando as previsões mais terríveis. Porém, os dados estavam incompletos: a testagem não fora universal, as taxas de incubação eram incertas (de cinco a quatorze dias) e os dados, em geral, se baseavam em coleta, o que não é, por si só, um empreendimento científico.

Entretanto, pense no seguinte: acima de tudo, a pergunta número um das pessoas nos primeiros dias da crise era "eu tenho o coronavírus?" Esta, mais do que tudo, era a preocupação central. Surpreendentemente, os norte-americanos não sabiam, nem tinham meios de descobrir. A razão agora é clara: os centros de controle de doenças haviam, previamente, nacionalizado todas as testagens de doenças. Uma burocracia governamental como qualquer outra. Não surpreende que tenha fracassado completamente.

Um investigador privado, financiado pela Fundação Bill e Melinda Gates, foi forçosamente impedido de produzir e distribuir um teste válido[11]. O CDC disse não. Mais detalhes sobre como isso aconteceu surgiram graças a intrépidos repórteres que farejaram um problema. Na primeira semana de fevereiro de 2020, o CDC enviou cento e sessenta mil testes a laboratórios por todo o país. Os testes eram defeituosos e produziam resultados confusos. Eles foram retirados à medida em que laboratórios privados corrigiam o teste.

---

[8] FAUST, Jeremy Samuel. "COVID-19's Mortality Rate Isn't as High as We Think". *Slate*, 4 de março de 2020.
[9] O'DONNELL, Jayne. "Top Disease Official: Risk of Coronavirus in USA Is 'Minuscule' Skip Mask and Wash Hands". *USA Today*, 17 de fevereiro de 2020.
[10] RITCHIE, Hannah; ORTIZ-OSPINA, Esteban; BELTEKIAN, Diana; MATHIEU, Edouard; HASELL, Joe *et al.* "Coronavirus Pandemic (COVID-19)". *Our World in Data*; CDC. 2020. "Cases in The U.S.". *Centres for Disease Control and Prevention (CDC)*.
[11] THIERER, Adam. "How the US Botched Coronavirus Testing". *American Institute for Economic Research*, 12 de março de 2020.

Capítulo 1 | *Uma crise epistêmica*

Ainda assim, não foi dada nenhuma aprovação para laboratórios privados produzirem testes. Os extremamente curiosos podem ler as muitas histórias de laboratórios privados implorando por uma chance para fazer algo a respeito do problema[12]. A burocracia, confusão, lutas por poder e bloqueios na informação têm sido documentados a cada dia[13]. O jornal *Washington Post* relata:

> Os esforços dos EUA para distribuir um teste que funcione pararam até 28 de fevereiro, quando agentes federais revisaram o teste do CDC e começaram a afrouxar as regras da Food and Drug Administration (FDA) (a Anvisa norte-americana) que havia limitado quem poderia desenvolver testes para diagnóstico de coronavírus[14].

Os banimentos do CDC/FDA aos testes privados foram feitos em nome da saúde e da segurança. Aquele foi o período em que o pânico envolveu a nação. Ninguém sabia. Não tínhamos os meios de descobrir. Tudo e todos enlouqueceram. Substituímos conhecimento por pânico e insanidade, primordialmente, devido à falta de informação.

F. A. Hayek (1899-1992) estava certo ao dizer que o uso do conhecimento em sociedade é a questão central na organização econômica e social. Nós havíamos sido cortados do fluxo de conhecimento que, de outra forma, teria sido nosso caso tivéssemos deixado essa questão inteiramente para o setor privado. Este teria trazido um teste de coronavírus até você com a mesma rapidez de uma pizza. Ao invés disso, não houve nada além de confusão.

> Pouco após 28 de fevereiro, quando oficiais do CDC anunciaram a decisão de reconfigurar o teste do Centro de Controle, o número de testes realizados pelos laboratórios de saúde pública disparou de cerca de vinte e cinco por dia, ou menos, para até mil e quinhentos. Simultaneamente, autoridades permitiram

---

[12] BAIRD, Robert P. "What Went Wrong with Coronavirus Testing in The U.S.". *The New Yorker*, 16 de março de 2020.
[13] KHAZAN, Olga. "The 4 Key Reasons The U. S. Is so Behind on Coronavirus Testing". *The Atlantic*, 13 de março de 2020.
[14] WHORISKEY, Peter e SATIJA, Neena. "How U. S. Coronavirus Testing Stalled: Flawed Tests, Red Tape And Resistance to Using the Millions of Tests Produced by The WHO". *The Washington Post*, 16 de março de 2020.

a outras instalações utilizarem seus próprios testes — incluindo a clínica Cleveland, Stanford e Greninger´s, na Universidade de Washington.

Mesmo assim, reclamações quanto à escassez de testes continuavam a chegar. À medida em que os testes se tornavam mais amplamente disponíveis, especialistas e oficiais avisavam que atrasos continuariam devido à escassez de itens críticos: cotonetes para coletar amostras de pacientes, máquinas para extrair material genético dos cotonetes, trabalhadores qualificados para fazerem os testes.

Mesmo que esses problemas tenham sido resolvidos, porém, esses atrasos críticos iniciais, quando o CDC estava lutando para enviar testes aos estados, danificou significativamente os esforços para conter a propagação do vírus, alegam os especialistas.

Em um *telebriefing* da CDC, em 29 de fevereiro, que incluiu alguns diretores de saúde pública locais e estaduais, oficiais locais lamentaram a inabilidade inicial de testar. Um repórter perguntou: "Será que a falta de capacidade de testagem atrasou a descoberta de quem eram esses casos, principalmente das pessoas que morreram?"[15]

Ao responder, Jeff Duchin, chefe de saúde pública no condado de King, em Washington, onde trinta e sete mortes haviam sido reportadas, sugeriu que a falta de testes era crítica e somava-se a isso o fato de as autoridades terem limitado quem poderia ser testado. Inicialmente, eles haviam dito que os testes seriam somente utilizados por quem tivesse viajado a regiões afetadas do globo, ou tivesse, de outra forma, entrado em contato com uma pessoa infectada.

Outro relatório adiciona:

> O vazio criado pelos testes defeituosos do CDC tornou impossível para as autoridades de saúde pública obterem um retrato preciso de quão longe e com que rapidez a doença estava se espalhando. Em focos cruciais como Seattle e, provavelmente, em outros lugares, a Covid-19 se espalhou durante diversas semanas sem ser detectada, o que, por sua vez, somente multiplicou a necessidade de mais testes[16].

---

[15] WHORISKEY e SATIJA, *Op. cit.*
[16] BAIRD, Robert P. "What Went Wrong with Coronavirus Testing in The U.S.". *The New Yorker*, 16 de março de 2020.

Capítulo 1 | *Uma crise epistêmica*

Na falta daquele conhecimento, as autoridades públicas enlouqueceram. Fique em casa. Mantenha a distância. Todo mundo é suspeito. Qualquer um e todos podem ser positivos para a Covid-19. Envergonhem socialmente qualquer um que esteja por aí. Espalhadores silenciosos estão por toda parte. Fechem os bares[17]! Era esse sentimento, juntamente com o completo pânico da parte dos oficiais públicos, que levaram as bolsas de valores ao colapso. Afinal de contas, você não pode ter uma economia se as pessoas não se engajam e negociam, não podem ir ao trabalho, não podem distribuir bens e serviços, e esqueçam os investimentos.

Aqui encontramos a chave para entender o porquê desse coronavírus produzir uma calamidade econômica e social, enquanto a H1N1 (gripe suína), de dez anos atrás, quase não é lembrada pela maioria das pessoas. Ela chegou e foi embora com um grande custo de saúde (infecções: cinquenta e sete milhões; fatalidades: doze mil quatrocentas e sessenta e nove), mas a baixo custo em outras áreas. A diferença crítica foi que o CDC trabalhou com laboratórios privados e instalações médicas para tornar o teste disponível. Algumas escolas públicas fecharam durante parte do dia, mas não havia pânico, nem perda econômica acentuada.

Em meio a tudo isso, esse aprendizado, tentativa e erro feitos em pânico, essa especulação e busca, essa confusão nacional em massa, esse interminável e caótico desejo de aprender, essa busca constante por inteligência, uma coisa ficou certa: os estados, em todos os níveis, decidiram agir. Como se soubessem o rumo certo. Agiram, também, com extrema força. A mensagem deles foi sempre a mesma: pare o que estiver fazendo e não faça nada. Esta foi, e é, a expressão definitiva do niilismo, o caos que se segue à ignorância. Oficiais nos Estados Unidos da América decidiram desligar a sociedade — como se isso fosse possível — como um substituto para um conhecimento confiável, utilizável e viável a que fomos forçados a deixar de obter quando mais precisávamos dele.

É uma clássica pretensão de conhecimento sobre a qual o próprio governo não tem a menor ideia. Eles tentaram planejar sem sinais confiáveis. É a receita para decisões políticas caóticas, precipitadas, aleatórias e inerentemente contraditórias, todas motivadas pela necessidade de manter as aparências de

---

[17] WOODS, Amanda. "Cincinnati Police Board Up Bar that Defied Coronavirus Shutdown Order". *New York Post*, 17 de março de 2020.

uma resposta oficial. Tais circunstâncias são propícias ao abuso. Perspectivas contrárias, tais como as oferecidas pelo bioestatístico de Stanford, John P. A. Ioannidis, foram ignoradas[18]. Em sua visão, não tínhamos absolutamente nenhuma base para presumir que quaisquer modelos existentes estivessem corretos e que a taxa de mortalidade poderia ser extremamente baixa (0,025%). Teriam essas visões sido ignoradas porque não chegaram à conclusão correta?

    Tivemos a censura do problema quando ele emergiu pela primeira vez. Depois, outros governos estavam tentando cobrir suas próprias retaguardas por inação caótica. Posteriormente, todos os abutres apareceram, tentando anexar seus projetos políticos de estimação à resposta: intrometidos autoritários como Andrew Cuomo e o prefeito de Nova York, Bill de Blasio, instintivamente, chamaram a polícia ou pediram pela nacionalização da indústria. Bernie Sanders a usou para defender seu Medicare for All [Saúde para Todos]. O pessoal da Renda Básica Universal (UBI) tentou colocá-la dentro de um pacote de estímulos. Os nacionalistas demandaram um desligamento do comércio global.

    Então, houve um enorme debate no país sobre como o coronavírus era realmente mau. Alguns diziam que todos nós seríamos infectados; muitos morreriam. Outros alegavam ser tudo isso completamente exagerado, que as autoridades haviam reagido de forma exagerada e que o vírus acabaria consigo mesmo, as fatalidades seriam relativamente poucas e focadas naqueles com baixa expectativa de vida. O problema foi não termos tido acesso a informações confiáveis, cientificamente válidas, tanto para evitar pânico quanto para nos comportarmos de maneira racional.

    O contraste com a Coreia do Sul, onde as infecções haviam caído bastante, era enorme[19]. Não houve fechamentos, nem quarentenas geográficas, nem pânico. A sociedade estava aberta para os negócios. A vida continuava normal, com uma exceção apenas: as pessoas tinham acesso a testes, significando terem acesso à informação mais importante e necessária naquele momento. O mesmo era verdade na Suécia, que praticou uma política aberta, mesmo sem muitos testes: os oficiais trabalharam para acalmar o público.

---

[18] IOANNIDIS, John P. A. "A Fiasco in the Making? As the Coronavirus Pandemic Takes Hold, We Are Making Decisions without Reliable Data". *Stat News*, 17 de março de 2020.

[19] EARLE, Peter C. "South Korea Preserved the Open Society and Now Infection Rates Are Falling". *American Institute for Economic Research*, 12 de março de 2020.

Capítulo 1 | *Uma crise epistêmica*

Esse não foi o caso nos EUA.

E essa foi a maior fonte do problema. O problema da informação tornou-se crítico para a sobrevivência da vida econômica, exatamente como F. A. Hayek havia descoberto no século XX[20]. Esses fluxos de informação, quando cortados à força, por qualquer razão e em qualquer forma, levam ao caos. Um caos trágico e profundamente danoso.

A lacuna de conhecimento foi substituída por uma mídia uivante. Ela percebeu, entre o final de fevereiro e meados de março, que o vírus poderia ser usado, com propósitos políticos, contra a sua *bête noire* na Casa Branca. Consequentemente, o vírus se tornou fortemente político, afastando-se de uma longa tradição nos Estados Unidos da América de tratar a doença como uma questão unicamente médica. O que se seguiu foram seis meses de gritaria, protestos, denúncias e torrentes de ódio, *on-line* e *off-line*.

Depois de todo esse tempo, como fica a questão dos testes? O caos pareceu diminuir — até não diminuir. O jornal *New York Times* explicou o que diversos especialistas já haviam esclarecido para mim em privado. O teste de PCR para a Covid-19 não oferece respostas simples como "sim" ou "não". Tudo depende dos ajustes no próprio teste. "Na quinta, os Estados Unidos da América registraram quarenta e cinco mil seiscentos e quatro novos casos de coronavírus, de acordo com a base de dados mantida pelo *Times*", escreveu o repórter. "Se as taxas de contaminação de Massachusetts e Nova York fossem aplicadas nacionalmente, então, talvez apenas quatro mil e quinhentas dessas pessoas pudessem, de fato, se isolar e se submeterem a rastreamento de contatos"[21].

Portanto, descobrimos que talvez 90% dos casos positivos seriam não somente assintomáticos e não somente não-contagiosos, mas nunca deveriam ter sido marcados como positivos em primeiro lugar. Talvez. E pensar que governadores norte-americanos haviam utilizado esses dados de casos o tempo todo para determinar quando e em que medida permitiriam a abertura. Para piorar, o CDC anunciou, em agosto, que em apenas 6% das mortes atribuídas à Covid-19, o vírus era listado como a única causa.

---

[20] HAYEK, Friedrich A. "The Use of Knowledge in Society". *The Library of Economics and Liberty*, 1945.
[21] MANDAVILLI, Apoorva. "Your Coronavirus Test is Positive. Maybe It Shouldn't Be". *New York Times*, 29 de agosto de 2020.

Às vezes, parecemos não saber muito mais hoje, se relacionarmos ao que sabíamos desde o início, simplesmente porque os *lockdowns* criaram tamanho caos, e os trilhões gastos por governos para encontrar e matar a Covid-19 distorceram tão seriamente os fluxos de informação. Quão mais claras as coisas seriam caso nunca tivéssemos tomado essa direção?

CAPÍTULO 2

Sociedade inteligente, pessoas estúpidas

Atravessamos a mais bizarra experiência de loucura humana em nossa vida e, talvez, em gerações. Entre seus aspectos mais estranhos houve a falha quase universal da parte de pessoas comuns e, até mesmo, dos *"experts"* escolhidos (aqueles empregados pelo governo, de todo modo) em internalizar qualquer informação básica sobre o vírus. Dados que minha mãe entende, graças à sólida educação obtida pela mãe dela sobre o assunto, após a Segunda Guerra Mundial.

Dessa maneira, por exemplo, estarão todos os governos prontos para impor novos *lockdowns,* caso os dados de infecção tomem outra direção? Sob qual teoria, precisamente, isso deve ajudar a situação? Como uma nova imposição de ordens para ficar em casa, ou fechar as academias de ginástica, faz, misteriosamente, um vírus ir embora? "Fuja e se esconda" parece ter substituído qualquer entendimento sofisticado de vírus e imunidade.

Portanto, decidi baixar *Biologia Essencial Para Leigos,* apenas para checar se eu estava louco[22]. Fiquei satisfeito em ver que afirmava, claramente, existirem apenas duas maneiras de derrotar um vírus: imunidade natural e vacinas. O livro deixou completamente de fora a opção abraçada por quase todo o mundo em março: destruir os negócios, forçar todos a se esconderem em suas casas e assegurar-se que ninguém se aproximaria de outras pessoas. A razão para o texto deixar essa ideia de fora é ela ser essencialmente ridícula, tanto que foi inicialmente vendida como estratégia para preservar o espaço em hospitais.

---

[22] KRATZ, Rene Fester. *Molecular and Cell Biology for Dummies.* John Wiley & Sons, 2009.

Apenas posteriormente, a ideia se transformou em um princípio geral: a maneira de combater um vírus é esterilizar tudo, evitar pessoas e usar uma mini roupa de proteção química. Aqui está a passagem:

> Por toda a história registrada, os humanos têm feito uma dança mortal com os vírus. Sarampo, varíola, pólio e influenza são vírus que mudaram o curso da história humana: sarampo e varíola mataram milhares de nativos norte-americanos; pólio matou e aleijou pessoas, incluindo o presidente dos EUA Franklin Delano Roosevelt; a epidemia de influenza de 1918 matou mais gente do que toda a Primeira Guerra Mundial.
> Para a maioria dos vírus que atacam humanos, suas únicas defesas são a prevenção e o nosso próprio sistema imunológico. Antibióticos não matam vírus e cientistas não descobriram muitas drogas antivirais eficazes.
> Vacinas são pequenos pedaços de bactérias ou vírus injetados no corpo para educar o sistema imunológico. Elas trabalham fortalecendo seu próprio sistema de defesa, preparando-o para combater a bactéria, ou vírus, durante o primeiro contato, sem adoecer primeiro. Entretanto, para algumas doenças viriais não existem vacinas e a única opção é esperar, desconfortavelmente, que seu sistema imunológico vença a batalha.

O vírus não é um miasma, um piolho, ou uma gosma vermelha como no livro infantil *O Gato de Chapéu*. Não existe caminho para lutar, muito menos vencer, uma guerra nacional contra o vírus. Ele não liga para fronteiras, ordens executivas e títulos. Um vírus é algo a ser combatido em um sistema imunológico de cada vez e nossos corpos evoluíram para estarem preparados exatamente para isso. Vacinas podem dar uma vantagem ao sistema imune através de um truque inteligente. Ainda assim, sempre haverá um outro vírus e uma outra batalha, e dessa maneira tem sido durante centenas de milhares de anos.

Se você leu cuidadosamente o texto acima, agora sabe mais do que se tivesse assistido a cinquenta *TED Talks* de Bill Gates sobre vírus. Apesar de ter investido centenas de milhões de dólares na elaboração de um plano mundial de combate aos micróbios, seu próprio entendimento não parece ter superado a teoria dos piolhos de "fuja e se esconda". Existe outro nível de compreensão de vírus, que chegou a ser observado nos anos 1950 e depois foi codificado nos 1970. Para muitos vírus, nem todos precisam contraí-los para se tornarem

Capítulo 2 | *Sociedade inteligente, pessoas estúpidas*

imunes e nem todos precisam de uma vacina, caso ela exista. A imunidade é atingida quando um certo percentual da população tiver contraído alguma forma de vírus — com ou sem sintomas. Então, o vírus efetivamente morre.

Isso tem implicações importantes, porque significa que parcelas vulneráveis da população podem se isolar durante o período ativo dos vírus e retornar à vida normal quando a "imunidade de rebanho" tiver sido atingida ao infeccionar um percentual da população não-vulnerável. Por isso, todo o conselho médico para idosos tem sido evitar multidões durante a temporada de gripe, enquanto para grupos não-vulneráveis é bom contrair e se recuperar de alguns tipos de doenças.

O que se obtém desse conselho sobre vírus não é medo, mas administração calma. Essa sabedoria — não ignorância, mas sabedoria — estava por trás da abordagem "não causar danos" para a epidemia de pólio de 1949-1952, a gripe asiática de 1957-58 e a gripe de Hong Kong de 1968-69. Donald Henderson resumiu lindamente essa velha sabedoria: "Comunidades confrontadas com epidemias, ou outros eventos adversos, respondem melhor e com menos ansiedade quando o funcionamento social normal da comunidade é pouco perturbado".

Fizemos isso durante os cem anos seguintes à catastrófica gripe espanhola de 1918. Nunca mais tentamos fechamentos generalizados ou *lockdown* precisamente porque essas políticas haviam falhado miseravelmente nos poucos lugares onde foram colocadas em prática. A "teoria do piolho" ensaiou um retorno durante a gripe suína de 2009 (H1N1), mas o mundo estava ocupado demais lidando com a crise financeira. Portanto, a estratégia do pós-guerra de controle e mitigação de vírus prevaleceu, felizmente. Contudo, a tempestade perfeita chegou posteriormente, em 2020. Uma nova geração de mitigadores de vírus teve sua chance de conduzir um grandioso experimento social, baseado em modelos e previsões por computador[23]. No instante seguinte, tivemos esse novo vocabulário enfiado garganta abaixo e fomos obrigados a obedecer a exortações estranhamente arbitrárias.

"Vá para dentro! Não, espere, não vá para dentro!"

"Mantenha-se saudável, mas fechem as academias!"

---

[23] MAGNESS, Phillip W. "How Wrong Were the Models and Why?" *American Institute for Economic Research*, 23 de abril de 2020.

"Afaste-se do vírus, mas não viaje!"
"Não coloque uma máscara; espere, coloque uma máscara!"
"Reúna-se em grupos apenas se for protestar contra o Trump!"

As pessoas começaram a acreditar em coisas estranhas como se fôssemos camponeses medievais. Por exemplo, se houver um grupo de pessoas, ou você ficar próximo demais de alguém, o vírus malvado aparecerá espontaneamente e você será infectado. Talvez você também possa ser um superdisseminador secreto, mesmo sem ter sintomas. Ou pode pegar o vírus ao tocar em quase tudo. Caramba, a quantidade de conversa fiada não científica liberada nesses seis terríveis meses confunde a mente. Porém, é isso que acontece em qualquer pânico. Aparentemente.

Agora, algo tem realmente me incomodado nesses meses, enquanto observo o incrível desmantelamento da maioria das liberdades que há muito considerávamos garantidas. Pessoas foram trancadas do lado de fora de igrejas e escolas, empresas foram encerradas, mercados foram fechados, governadores cumpriram ordens de "fique em casa" criadas não para o controle de doenças, mas para ataques aéreos, e máscaras se tornaram obrigatórias. Enquanto isso, pessoas comuns, aparentemente inteligentes, pulavam em volta uns dos outros como gafanhotos.

Meu maior choque foi descobrir quanta estupidez pura existe na população, particularmente entre a classe política. Permita-me a defesa do uso do termo "estúpido": está tecnicamente correto. Eu o retiro de Albert Camus e seu brilhante livro *A Peste*[24]. "Quando começa uma guerra, as pessoas dizem: 'É muito estúpido; não pode durar muito'. Porém, embora uma guerra possa realmente ser 'muito estúpida', isso não impede que dure. A estupidez encontra um jeito de conseguir as coisas".

De fato, é verdade. Era apenas fevereiro passado quando parecíamos inteligentes. Tínhamos tecnologia incrível, filmes sob demanda, um *smartphone* em nossos bolsos para nos comunicarmos com todos e nos revelar todo o conhecimento do mundo. Havia alguma paz, mais ou menos. Havia prosperidade. Havia progresso. Nossos sistemas médicos funcionavam. Há apenas alguns meses, parecíamos ter tudo. Parecíamos inteligentes. Até que, de repente, a estupidez assumiu o controle, ou assim pareceu.

---

[24] CAMUS, Albert. 1947. *The Plague. Op. cit.*

Capítulo 2 | *Sociedade inteligente, pessoas estúpidas*

Na verdade, não éramos inteligentes como indivíduos. Nossos políticos eram tão burros como sempre haviam sido e a ignorância em massa impregnava a população, como sempre. O que era inteligente em fevereiro último era a sociedade e os processos que, nos bons e velhos tempos, a faziam funcionar.

"Por favor, explique".

Explicarei.

Considere a análise social de F. A. Hayek. Seu grande tema é o funcionamento da ordem social que requer conhecimento e inteligência, mas nenhum conhecimento essencial subsiste na mente de qualquer indivíduo, muito menos, na de um líder político.

O conhecimento e a inteligência necessários para a sociedade prosperar, na verdade, estão descentralizados por meio dela. O conhecimento passa a ser incorporado, ou instanciado, em instituições e processos que evoluem, gradualmente, das ações livres e escolhas de indivíduos.

Quais são essas instituições? Preços de mercado; cadeias de suprimento; observações que fazemos das escolhas, bem ou mal sucedidas, de indivíduos, informando nossos hábitos e movimentos; maneiras e costumes que funcionam como sinais sociais; taxas de juros coordenando, cuidadosamente, o fluxo de dinheiro com nossas preferências temporais e tolerância a riscos; e até mesmo a moral que governa nosso tratamento mútuo. Tudo isso se combina, criando uma forma de inteligência social residente, não nas mentes individuais, mas no próprio processo de evolução social.

O problema é que uma sociedade em bom funcionamento pode criar a ilusão de que tudo acontece não por causa do processo, mas por sermos muito inteligentes, ou talvez por termos líderes sábios com um bom plano. Parece mesmo ser assim, do contrário, como poderíamos termos nos tornado tão bons no que fazemos? O argumento principal de Hayek é: trata-se de um erro dar crédito à inteligência ou ao conhecimento individual, muito menos, aos bons governos com líderes inteligentes e com conquistas civilizacionais; ao contrário, o verdadeiro crédito pertence às instituições e aos processos, controlados por ninguém em particular.

"Para entender nossa civilização", escreve Hayek:

> [...] deve-se reconhecer que a ordem estendida resultou, não do desígnio ou intenção humana, mas surgiu espontaneamente da conformação não inten-

cional com certas práticas tradicionais e amplamente morais, muitas das quais os homens tendem a não gostar, cujo significado eles geralmente não conseguem entender, cuja validade eles não podem provar e que, no entanto, se espalharam rapidamente por meio de uma seleção evolucionária — o aumento comparativo da população e da riqueza — daqueles grupos que as seguiram.

Os *lockdowns* agiram como uma marreta sobre essas práticas, processos e instituições. Eles os substituíram praticamente de um dia para o outro com novas determinações burocráticas e mandatos policiais e estaduais, que nos conduziram para dentro de nossas casas e determinaram, arbitrariamente, novas categorias: procedimentos médicos eletivos *versus* não eletivos, negócios essenciais *versus* não essenciais, formas de associação permissíveis *versus* não permissíveis, até o ponto de medir a distância da qual devemos estar separados uns dos outros. E, assim mesmo, via ordem executiva, muitas das instituições e processos foram esmagados pela bota da classe política.

O que emergiu para tomar seu lugar? É triste dizer, contudo a resposta é: ignorância generalizada. Apesar de termos acesso a todo o conhecimento do mundo em nossos bolsos, um grande número de políticos e pessoas comuns voltaram a ter uma cognição pré-moderna de doença. As pessoas fizeram isso por medo e, de repente — e estranhamente —, aquiesceram aos comandos políticos. Amigos chegaram a me dizer serem culpados disso naquela época, acreditando na iminência da morte em massa. Portanto, a única coisa a fazer era se abrigarem no local e cumprirem os decretos.

A aparente inteligência que tínhamos em fevereiro, subitamente, pareceu se transformar em mingau. A melhor maneira de entender isso é que todas as nossas instituições e práticas mais inteligentes foram esmagadas, deixando apenas a estupidez crua em seu lugar. Na verdade, como indivíduos, provavelmente não somos muito mais inteligentes do que nossos ancestrais. A razão pela qual tivemos tanto progresso é devido à crescente sofisticação daquilo que são as ordens estendidas de associação, sinalização, acumulação de capital e conhecimento tecnológico de Hayek. Nenhuma delas se deve a líderes sábios no governo e na indústria, mas sim à sabedoria das instituições, gradualmente construídas por nós ao longo de décadas, séculos e milênios. Elimine tudo isso e você revelará o que não queremos realmente enxergar.

Capítulo 2 | *Sociedade inteligente, pessoas estúpidas*

Olhando para trás, estou muito impressionado com o conhecimento e a consciência da geração do pós-guerra em relação à mitigação de doenças. Foi ensinado nas escolas, transmitido para várias gerações e praticado no jornalismo e relações públicas. Isso foi inteligente. Algo aconteceu no século XXI para causar uma espécie de ruptura nessa cadeia de conhecimento médico. Assim, as sociedades ao redor do mundo tornaram-se vulneráveis na presença de um novo vírus: o governo dos charlatães, mascates, seguidores histéricos da mídia e projetos de ditadores.

Com o *lockdown* finalmente diminuindo, veremos o retorno do que parecem ser sociedades inteligentes e a perda gradual da influência dos estúpidos. Porém, não nos enganemos. Pode ser que não tenhamos aprendido nada com o fiasco desenrolado diante de nossos olhos. Se as economias vierem a ser restauradas, eventualmente, a seu estado anterior, não será porque nós (ou nossos líderes), de alguma forma, vencemos um vírus. O vírus foi mais esperto do que todos. O que consertará o que a classe política quebrou é a liberdade de, novamente, reconstituir as instituições e processos criadores da ordem estendida, responsável por nos fazer sentir mais inteligentes do que realmente somos.

CAPÍTULO 3

Seria a imunidade um caso do conhecimento perdido de Rothbard?

O maravilhoso *History of Economic Thought*, de Murray Rothbard (1926-1995), abre com uma explosão contra o que ele chamava de teoria *whig* da história intelectual[25]. É uma variação da ideia vitoriana da vida como algo se tornado cada vez melhor, sempre, independente do que aconteça. Aplique isso ao mundo das ideias e a impressão é que nossas ideias correntes sempre superam as do passado. Isso elimina a possibilidade de haver um conhecimento perdido na história, incidências peculiares, quando a humanidade tinha algo como certo e, então, aquele conhecimento desaparecia misteriosamente e tivemos que o descobrir novamente.

Estou escrevendo isto sob um *lockdown* quase global de cinco meses, causado pelo medo de um novo vírus. Um grande epidemiologista no Reino Unido, Raj S. Bhopal, ousou dizer exatamente o que minha mãe disse durante o começo dessa doença: devemos administrar a situação desenvolvendo imunidade natural a ela[26]. Sim, ele disse o tabu: quem não enfrenta a ameaça de morrer por causa dele precisa contraí-lo. Isso é, precisamente, o que minha mãe havia me dito em fevereiro.

É um pouco tarde, mas ao menos o assunto está, finalmente, na mesa. A ideia de uma (mal nomeada) imunidade de rebanho é coerente com a forma

---

[25] ROTHBARD, Murray N. *"An Austrian Perspective on the History of Economic Thought"*. Mises Institute, 1 de setembro de 2010.
[26] BHOPAL, Raj S. "COVID-19 Zugzwang: Potential Public Health Moves Towards Population (Herd) Immunity". *Public Health in Practice*, 15 de julho de 2020.

Capítulo 3 | *Seria a imunidade um caso do conhecimento perdido de Rothbard?*

pela a qual as sociedades administram doenças[27]. Proteger os vulneráveis, enquanto grupos com nenhum ou baixo risco adquirem imunidade. É especialmente importante entender isso, se você quiser preservar a liberdade, ao invés de impor, vaidosamente, um Estado policial por medo e ignorância. É extremamente bizarro termos acordado um dia no século XXI, quando tal conhecimento pareceu ter quase evaporado. Quando o famoso estatístico e imunologista Knut Wittkowski veio a público, falando o básico a respeito de vírus, gerou choque e escândalo[28]. O *YouTube* até deletou seus vídeos!

Como minha mãe sabia a respeito de imunidades? Porque a mãe dela lhe ensinou e assim por diante. Era uma grande prioridade de saúde pública, após a Segunda Guerra Mundial nos EUA, ensinar essa verdade contraintuitiva a cada geração. Era ensinado nas escolas: não tema o que evoluímos para combater, ao invés disso, fortaleça o que a natureza lhe deu para lidar com a doença. O professor Bhopal ousou dizer o que poucos estiveram dispostos a falar, contudo, obviamente parece o caso quando se observa áreas do mundo onde os efeitos do vírus são bem administrados (Nova York e Suécia, por exemplo).

Minha próxima pergunta: por que a imunidade de rebanho é um tópico tabu no século XXI? Talvez seja um caso de conhecimento perdido no estilo rothbardiano, semelhante a como a humanidade uma vez entendeu o escorbuto, depois deixou de entender e posteriormente, voltou a entender novamente[29]. De alguma maneira, no século XXI nos encontramos na posição constrangedora de ter que reaprender o básico da imunologia. Algo que todos, desde 1920 até, aproximadamente, 2000, pareciam entender, antes desse conhecimento, de alguma forma, ter se tornado marginalizado e enterrado.

Sim, isso é imensamente embaraçoso. A ciência nunca saiu dos livros-texto. Está lá para qualquer um descobrir. O que parece ter desaparecido é o entendimento popular, substituído por uma teoria pré-moderna de "esconde-esconde" para a prevenção de doença. É tão ruim que, mesmo a imposição de

---

[27] KLEIN, Daniel B. "Herd Immunity Is Misleading". *American Institute for Economic Research*, 11 de maio de 2020.
[28] STRINGHAM, Edward Peter. "Stand Up for Your Rights, Says Bio-Statistician Knut M. Wittkowski". *American Institute for Economic Research*, 6 de abril de 2020.
[29] HOLDING, Andrew N. "Forgotten Knowledge: The Science of Scurvy". *The Naked Scientists*, 28 de novembro de 2010.

estados policiais por todo o país, incluindo fechamentos brutais e prisões domiciliares, não inspiraram, nem de longe, o nível de resistência popular esperado por mim. É como se, gradualmente, todos tivessem se tornado ignorantes no assunto e foram pegos de surpresa quando os políticos anunciaram que teríamos de nos livrar dos direitos humanos para combater um novo vírus.

Aqui está Rothbard falando sobre o problema do conhecimento perdido e da teoria *whig* sobre tais coisas não acontecerem:

> A teoria whig, subscrita por quase todos os historiadores de ciência, incluindo economia, afirma que o pensamento científico progride pacientemente, um ano após o outro, desenvolvendo, peneirando e testando teorias, de modo que a ciência marche adiante e para cima, a cada ano, década e geração, aprendendo mais e possuindo teorias científicas cada vez mais corretas.
>
> Fazendo uma analogia com a teoria da história *whig*, cunhada na Inglaterra em meados do século XIX, que sustentava que as coisas estavam sempre ficando (e, portanto, devem ficar) cada vez melhores, o historiador da ciência *whig*, aparentemente em bases mais firmes do que o historiador *whig* regular, afirma, implícita ou explicitamente, que "depois é sempre melhor" em qualquer disciplina científica particular.
>
> O historiador *whig* (seja de ciência ou história, propriamente dita) realmente sustenta que, em qualquer ponto do tempo histórico, "o que quer que fosse, estava certo", ou pelo menos melhor, do que "qualquer coisa que existisse antes". O resultado inevitável é um otimismo panglossiano, complacente e enfurecedor. Na historiografia do pensamento econômico, a consequência é a posição firme e implícita de que todo economista individual ou, pelo menos, cada escola de economistas, contribuiu com seu importante óbolo, para a inexorável marcha para cima. Portanto, não pode haver algo como um erro sistêmico grosseiro que prejudique profundamente, ou mesmo invalide, uma escola inteira de pensamento econômico, muito menos, se ele desorientar o mundo da economia para sempre.

Todo o livro de Rothbard é um exercício de descoberta de conhecimento perdido. Ele era fascinado pela grande clareza dos escritos de A. R. J. Turgot (1727-1781) a respeito da teoria de valor, enquanto os escritos posteriores de Adam Smith (1723-1790) eram obscuros no assunto. Ele ficava intrigado

Capítulo 3 | *Seria a imunidade um caso do conhecimento perdido de Rothbard?*

com a lucidez dos economistas clássicos a respeito do *status* da teoria econômica, quando economistas posteriores, do século XX, tornaram-se confusos a respeito disso. Você poderia observar o mesmo sobre a doutrina do livre comércio: uma vez entendida quase universalmente, de maneira que todos pareciam concordar ser uma prioridade para construir paz e prosperidade, e depois — *puf!* — aquele conhecimento parece ter desaparecido em anos recentes.

Em uma nota pessoal, lembro-me da paixão sentida por Murray pela questão do conhecimento perdido. Ele também estava incentivando seus alunos a encontrarem casos, documentá-los e explicar como acontecem. Ele sempre suspeitou haver mais casos precisando ser descobertos e investigados. Seus escritos sobre a história das ideias são um grande esforço em documentar tantos casos quantos poderia encontrar.

Outra característica intrigante: alguém poderia supor que o conhecimento seria menos propenso a ser perdido na era da informação, na qual todos carregamos, em nossos bolsos, acesso a quase toda a informação do mundo. Podemos acessá-la com apenas alguns cliques. Como isso não nos protegeu de sermos presas de uma teoria em estilo medieval de administração de doença? Como nossos medos e confiança em modelos de computador tão facilmente substituíram sabedoria herdada do passado? Por que esse novo vírus desencadeou ataques brutais aos direitos, quando nada parecido com isso aconteceu no século anterior com novos vírus?

As tropas de George Washington (1732-1799) rasparam as crostas dos mortos da varíola para se inocularem, porém nós nos encolhemos em nossas casas com medo e obediência a um vírus que é 99,6% não fatal — sendo fatal, principalmente, para pessoas que viveram quatro anos além da expectativa de vida média[30]. Amigos meus, que pegaram o vírus e desenvolveram imunidades, ainda são tratados como leprosos, embora não haja um único caso verificado de reinfecção por Covid-19 no mundo.

Posso apenas dizer isso; Murray Rothbard, agora, ficaria surpreso com a forma como a ignorância médica, a ciência falsa e a sede de poder se combinaram tão repentinamente, criando a maior crise global da história moderna pela causa da liberdade, à qual ele devotou sua vida. Se algo demonstrou que

---

[30] Para mais, veja o capítulo intitulado "A Revolução Americana Ocorreu em Meio a Uma Pandemia".

Rothbard estava correto sobre a falácia da teoria *whig* e a capacidade da humanidade de agir repentinamente em total ignorância do que antes era amplamente conhecido, foram esses últimos seis meses de loucura.

CAPÍTULO 4

O vírus não liga para as suas políticas

Baseado nos dados, parece não haver relação entre *lockdowns* e vidas salvas. Extraordinário, uma vez que já temos certeza de que os *lockdowns* destruíram economias por todo o mundo.

Cada modelo epidêmico lançado em março foi construído supondo-se que os *lockdowns* controlariam o vírus. No início, seria para preservar a capacidade dos hospitais. Logo, tornou-se um princípio geral: diminuir a velocidade da propagação. Os métodos foram quase os mesmos em quase todos os países. Banir grandes aglomerações. Fechar escolas. Impedir negócios. Fazer cumprir ordens para ficar em casa. Determinar separação humana. Máscaras. Restrições de viagem.

Nada disso havia sido tentado em toda a história da humanidade, certamente, não nessa escala. Você poderia supor, então, haver uma certeza absoluta de uma relação causal entre *lockdowns* e a trajetória do vírus. Assim como a FDA não aprova uma droga a menos que seja comprovadamente segura e eficaz, poderíamos supor que o mesmo seria verdade para uma política que destruiu toda a rotina e pisoteou direitos humanos em nome da mitigação de uma doença. Certamente!

Acontece que não foi esse o caso. Era pura especulação que os *lockdowns* suprimiriam esse vírus. Especulação essa que se baseava em uma presunção arrogante do incrível poder e inteligência dos gestores do governo. Durante seis meses, governos em todo o mundo têm surtado, ordenando as pessoas a fazerem isso e aquilo, passando decreto após decreto e ainda não há nenhuma evidência da importância disso para o vírus.

Já no meio de abril surgiram questões. O professor Isaac Ben-Israel, chefe do programa de Estudos de Segurança da Universidade de Tel Aviv e presidente do Conselho Nacional para Pesquisa e Desenvolvimento, olhou para os dados ao redor do mundo. Concluiu que o vírus aparece e desaparece após setenta dias, independentemente das políticas implantadas[31]. Ele não encontrou correlação nenhuma entre *lockdown* e transmissão ou morte.

Avancemos até o meio de julho. Cientistas de dados investigaram a experiência da primavera[32]. Eles também não encontraram correlação entre o vírus e as políticas. Colocando de uma forma muito direta: "Fechamento rápido de fronteiras, *lockdowns* completos e ampla testagem não estavam associados à mortalidade da Covid-19 por milhão de pessoas". Trata-se de uma consideração incrível. Bilhões de vidas fundamentalmente alteradas. Economias destruídas. Tradições centenárias de liberdade e lei jogadas fora. Estados policiais por toda parte. E com qual finalidade? Os dados indicam ter sido por nada. Aparentemente, você não pode controlar um vírus com políticas estatais. O vírus simplesmente não parece se importar.

Uma ferramenta útil que você pode utilizar para observar isso vem de um *website* chamado *Our World in Data*. Ele oferece um índice de rigor das políticas governamentais com base em dados da Universidade de Oxford[33]. Olhe para os países do mundo com as maiores taxas de mortalidade da Covid-19. São eles: San Marino, Bélgica, Reino Unido, Espanha, Peru, Itália, Chile, EUA, França, Brasil, Países Baixos e México.

A maior parte desses governos impôs um rápido *lockdown*, aproximadamente ao mesmo tempo, seguido por um gradual e disperso esforço liberalizante. A Suécia é o mais atípico aqui, claro. Todos eles tiveram altas taxas de mortalidade, alguns mais altos, outros mais baixos, do que a Suécia. Os contrafactuais são

---

[31] Wikipedia. "Isaac Ben-Israel". *Wikipedia*, 7 de julho; TIMES OF ISRAEL STAFF. "Top Israeli Prof Claims Simple Stats Show Virus Plays Itself out after 70 Days". *Times of Israel*, 19 de abril de 2020.

[32] CHAUDHRY, Rabail, DRANITSARIS, George, MUBASHIR, Talha, BARTOSZKO, Justyna e RIAZI, Sheila. "A Country Level Analysis Measuring The Impact of Government Actions, Country Preparedness and Socioeconomic Factors on COVID-19 Mortality and Related Health Outcomes". *The Lancet*, 100464, 2020.

[33] OUR WORLD IN DATA. "COVID-19: Government Response Stringency Index". *OurWorldinData.org.*, 2020.

Capítulo 4 | *O vírus não liga para as suas políticas*

impossíveis, é claro. Contudo, este gráfico já levanta questões sobre se, e em que medida, as políticas tiveram alguma coisa a ver com a prevenção de mortes.

Outra maneira de ver isso é comparar os seis principais países com a maior mortalidade por milhão, com os seis países significativos com a menor mortalidade por milhão. Esses países com baixa mortalidade são: Uganda, Burundi, Moçambique, Tanzânia, Ruanda e Sri Lanka. Todos esses países fizeram *lockdown*. Não existe relação entre mortes e *lockdown versus* continuar aberto. Considere doze países com mortes por milhão muito similares (cinquenta, mais ou menos dez). Você pode observar uma grande gama de políticas e nenhuma relação aparente entre essas políticas e os resultados em termos de mortes.

Aqui está um gráfico global de mortes por milhão, comparado com a severidade dos *lockdowns*. Você pode olhar para ele o dia todo, mas não verá absolutamente nada significativo em termos de política[34].

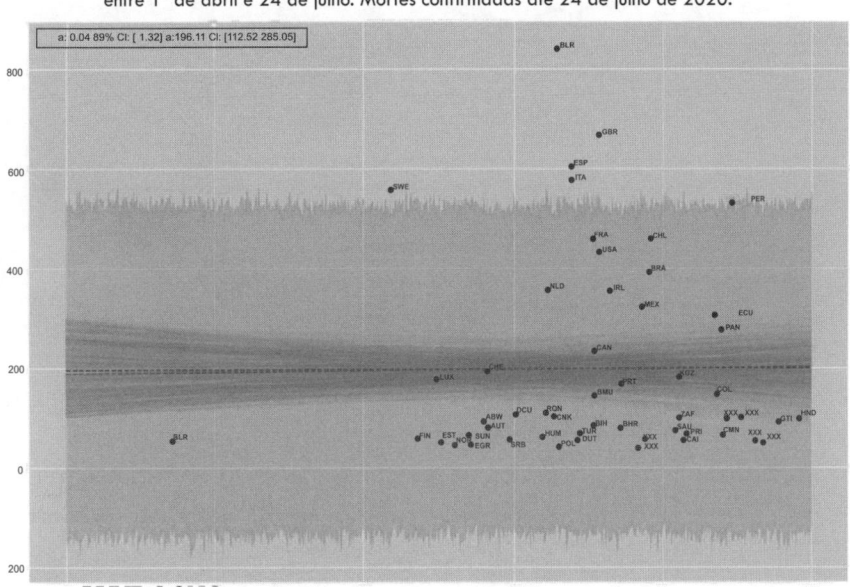

Regressão Linear Bayesiana: Covid-19. Efeito dos *lockdowns* nas mortes por milhão, baseado em cinquenta e quatro países. Presumindo o valor médio do índice de *lockdown* entre 1º de abril e 24 de julho. Mortes confirmadas até 24 de julho de 2020.

Índice Oxford de rastreamento de resposta governamental à Covid-19 Hale, Thomas, Sam Webster, Anna Petheric, Toby Phillips e Beatriz Kira (2020)

---

[34] TOLEX 3. "Bayesian Linear Regression: COVID-19 Effect of Lockdowns on dead_per_M". *GitHub*, 24 de julho de 2020.

Plotar apenas os países europeus produz um resultado ligeiramente estranho, um padrão, mas o oposto do que deveríamos ver. Todd Kenyon usou os dados de Oxford para mostrar que, quanto mais restrito o *lockdown*, maiores são as mortes por milhão. Pode haver muitas outras explicações para isso, porém, novamente, não vemos nada sugerindo melhoria nos resultados por causa dos *lockdowns*.

Em "Did Lockdown Work? An Economist's Cross-Country Comparison", Christian Bjørnskov não encontra "nenhuma associação clara entre políticas de *lockdown* e desenvolvimento de mortalidade", enquanto oferece o seguinte gráfico[35]:

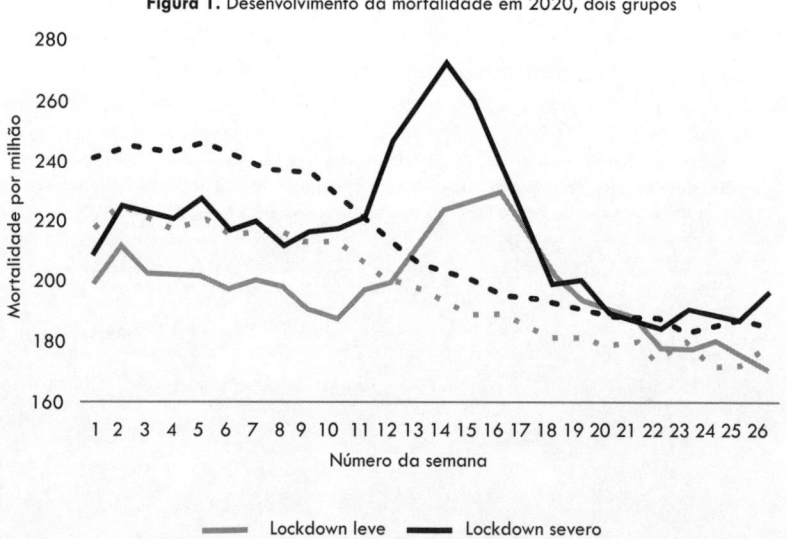

Figura 1. Desenvolvimento da mortalidade em 2020, dois grupos

Você pode fazer a comparação com os Estados Unidos da América graças a esse excelente estudo de cinco economistas[36]. Os resultados são os mesmos: quer você faça *lockdown* ou permaneça aberto, parece não haver um padrão previsível de mortes. Se os *lockdowns* salvassem vidas, a curva deveria se

---

[35] BJØRNSKOV, Christian. "Did Lockdown Work? An Economist's Cross-country Comparison". *SSRN*, 2 de agosto de 2020.
[36] MCCANN, Adam. "States with the Fewest Coronavirus Restrictions". *WalletHub*, 11 de agosto de 2020.

Capítulo 4 | *O vírus não liga para as suas políticas*

inclinar para baixo, à direita. Ela não inclina de forma alguma. Aparentemente, é aleatório. Mais uma vez, é quase como se o vírus não se importasse.

Agora, você pode separar esses dados, baseando-se no fato de eles serem muito agregados, de existirem muitas variáveis baseadas em dados demográficos (a idade média de morte em todo o mundo é de oitenta e dois anos com comorbidades, quase metade em casas de repouso) e assim por diante. Contudo, em algum momento, teremos de jogar a toalha. O fato de um país ter feito *lockdown*, ou permanecido aberto, tem tanto poder de previsão sobre mortes por milhão quanto a chuva de hoje estar relacionada à cor das minhas meias. Ou os furacões serem controlados pelas taxas de alfabetização. Em outras palavras, a alegação de que "*lockdowns* controlam vírus" é pseudociência, ou pensamento mágico, de um tipo profundamente perigoso, pois destrói economias e vidas.

Certamente, existem muitos estudos afirmando que os *lockdowns* salvaram vidas, mas os de alto perfil são extrapolações. Baseiam-se em modelos que presumem a existência de uma relação que os fatos não parecem comprovar. Se há um estudo de pesquisa de base ampla, usando dados reais, demonstrando que vidas foram salvas através da destruição de direitos e liberdades, em nome do controle de vírus, ainda não vi. Enquanto isso, um artigo preliminar do National Bureau of Economic Research (NBER), de Andrew Atkeson, Karen Kopecky e Tao Zha, focou em países e estados dos EUA com mais de mil mortes por Covid-19, no final de julho. Ao todo, o estudo incluiu vinte e cinco estados norte-americanos e vinte e três países. Como escreve Stephen Miller, "a conclusão do artigo é que as tendências de dados observadas acima, possivelmente indicam que intervenções não farmacêuticas (NPIs) — tais como *lockdowns*, fechamentos, restrições de viagens, pedidos de permanência em casa, banimentos de eventos, quarentenas, toques de recolher e mandados de máscara — não parecem afetar as taxas de transmissão de vírus em geral"[37].

Enquanto isso, somos surpreendidos por evidências de que tudo isso foi inútil e destrutivo. Liberdade significa a prática de saúde e riqueza; *lockdowns* levam exatamente ao que D. A. Henderson (1928-2016) previu: catástrofe.

---

[37] MILLER, Stephen. "Lockdowns and Mask Mandates Do not Lead to Reduced COVID Transmission Rates or Deaths, New Study Suggests". *American Institute for Economic Research*, 26 de agosto de 2020.

CAPÍTULO 5

A desumana classe política e sua falta de empatia

Por que assistir a coletivas de imprensa sobre Covid-19 e *briefings* de políticos? Elas são simplesmente perturbadores. Essas pessoas parecem não ter ideia do motivo pelo qual o vírus as está ignorando. Continuam inventando regras estranhas e arbitrárias, mudadas dia após dia e colocadas em prática pela intimidação e obrigatoriedade. Os políticos se colocam dessa forma boba como se seus decretos mantivessem o vírus sob controle, quando, claramente, não o fazem.

Pior ainda, e isso me gelou até os ossos, é a estranha ausência de emoção humana normal em suas apresentações públicas. Com a comunicação humana diária na presença da incerteza, você poderia pensar que haveria alguma admissão da possibilidade de eles estarem errados, de erros cometidos, da dificuldade de conhecimento, dos limites de informação para tomar decisões informadas, da dor trazida por uma governança tão disruptiva.

Você não vê nada disso nesses anúncios de governadores[38]. Apesar de todas as evidências, eles agem como se tivessem isso sob controle. Não admitem erros. Não admitem ignorância. Olham fixamente para as câmeras e emitem decretos sem, ao menos, um pedido de desculpas por todas as vidas que eles arruinaram e continuam a arruinar. Eles falam conosco de cima para baixo. Condescendência em cada palavra.

---

[38] MASSGOVERNOR. "COVID-19 Update: New Travel Order Effective August 1st". *YouTube*, 24 de julho de 2020.

Capítulo 5 | *A desumana classe política e sua falta de empatia*

Nós não falamos assim uns com os outros. Ao invés disso, compartilhamos histórias de como nossas vidas têm sido afetadas. Compartilhamos a dor uns com os outros e a frustração do quanto nos sentimos desestabilizados, como fomos separados de nossa família, como os *lockdowns* nos levaram a lugares escuros, o quão enjaulados nos sentimos. Nós nos preocupamos com nossas finanças, com as pessoas amadas, com nossos próprios futuros. Ficamos espantados com a maneira rápida e radical com que tomaram nossas liberdades. Ao compartilhar essas histórias uns com os outros, passamos a entender mais e sentirmos, talvez, um pouco de cura.

Resumidamente, temos empatia. Os políticos, por outro lado, não demonstraram nenhuma. Eles têm olhos vidrados, refletindo sangue frio. Pior ainda, parecem sem coração, como generais dando ordens às suas tropas, com a certeza da morte de muitos. Raramente, ou nunca, falam sobre o que estão fazendo em termos humanos. Falam a respeito de dados, restrições, tendências em infecções e hospitalizações e morte, mas não como se tudo isso envolvesse pessoas reais ou compensações. Eles se exibem com uma certeza que não é realmente crível.

Adam Smith explicou a empatia como uma característica da personalidade humana. "Como não podemos experimentar imediatamente o que outros homens sentem", escreveu e completa:

> não podemos ter ideia da maneira como são afetados, mas podemos conceber como nós mesmos nos sentiríamos naquela situação [...]. Através da imaginação, colocamo-nos em sua situação, imaginamos a nós mesmos suportando as mesmas tormentas [...] e nos tornamos, em alguma medida, o mesmo que ele.

Assim é a vida real. Porém, a vida política de hoje parece buscar o banimento daquele sentimento tão humano. É como se eles estivessem jogando um videogame composto por todos nós, onde fôssemos meras figuras em uma tela, programados para fazer o que eles querem. Eles não têm a obrigação de nos entender, muito menos, a preocupação com a dor que causam, porque, como figuras em uma tela de jogo, seguramente não sentimos dor nenhuma. É dessa mesma forma que a mídia tem falado dessa calamidade. Seus números, gráficos e tendências, todos altamente alarmistas e sempre com a mesma conclusão: a classe política precisa nos impor mais restrições para fazer esse vírus desaparecer. Sentamo-nos indefesos, assistindo a tudo isso se desenrolar, dia após dia, surpresos que nossas regras pudessem ser tão impermeáveis ao que aconteceu diante de nossos olhos.

  A distância emocional entre os governantes e governados nunca foi tão grande em tempos modernos. Parece completamente insustentável. É como se eles nem tentassem se conectar com as pessoas. Políticos não são muito bons em tempos normais, mas parecem piores do que nunca agora, jogando fora a lei, a tradição, a moralidade e, até mesmo, a aparência de se importarem com o quanto seus *lockdowns* destruíram tantas vidas. A questão é: por quê? Aqui vai minha tentativa de responder. Os *lockdowns* foram todos baseados na afirmação implausível de que vírus podem ser controlados através da coerção, assim como as pessoas. Contudo, eles não podem. Não é surpreendente encontrarmos enormes evidências, acumuladas dia após dia, de que tudo o que fizeram não teve êxito algum.

  Compare as mortes por milhão da Covid-19 ao redor do mundo com o índice de severidade governamental da Universidade de Oxford[39]. Se os *lockdowns* tivessem qualquer êxito, você poderia esperar que houvesse o mesmo poder preditivo aqui. Quanto mais se fizesse *lockdowns*, mais vidas seriam salvas. Os países em *lockdown* poderiam, pelo menos, alegar terem apoiado a vida de seus cidadãos. Ao invés disso, o que você enxerga é: nada. Não existe correlação. Existe o vírus. Existem os *lockdowns*. Ambos operam como variáveis aparentemente independentes.

  A classe política começou a intuir isso. Eles suspeitam, do fundo de seus corações, terem feito algo horrendo. Preocupam-se que essa percepção vá se espalhar. Então, eles serão responsabilizados, talvez não imediatamente, mas em algum momento. Isso, para eles, é aterrorizante. Assim, eles têm passado seus dias tentando adiar essa hora da verdade na esperança de que a bagunça feita por eles, eventualmente, desapareça, e eles escapem da responsabilidade.

  Isso significa dizer: eles estão mentindo. Depois, eles mentem mais para cobrir suas mentiras anteriores. Se você vai forçar a barra diante de crescentes evidências, demonstrando que são fraudes, se for mentir impunemente para manter o jogo em andamento, terá de se proteger contra a emoção e a

---

[39] TOLEX3. "lockdown_index_dead_per_M.jpg." *GitHub*, 27 de julho de 2020.

empatia. Você se torna um sociopata. Isso pode ser suficiente para explicar sua postura fria.

Existe também outro fator: quanto mais dor você causa nas pessoas, pior você se torna como pessoa. O poder é perigoso, mesmo quando não usado, contudo, o implantar de forma brutal e inútil apodrece a alma. Essa é uma boa descrição de quase toda a classe dominante ao redor do mundo hoje, salvo em alguns países civilizados, que nunca fizeram *lockdown*.

CAPÍTULO 6

O retorno do brutalismo

Os *lockdowners*, provavelmente, não tinham ideia do que estavam prestes a desencadear. No papel, seus planos pareciam bons. Manter as pessoas distantes. Fazê-las ficarem em casa. Somente trabalhadores essenciais deveriam ir trabalhar. O governo pode fazer o restante. Igrejas, teatros, esportes, bares, escolas — tudo precisa dar espaço ao governo dos mitigadores de doença.

Deixem as crianças jogarem no computador. Deixe os escritórios operarem via *Zoom*. Um pouco de tempo livre nunca prejudicou ninguém e, além do mais, existe *Netflix*. Venceremos esse vírus nos escondendo dele, assim ele ficará entediado e voltará para o lugar de onde veio. Os construtores de modelos se tornarão heróis. Nós somente precisamos demonstrar o poder dos computadores sobre até as mais impressionantes e, anteriormente, incontroláveis forças da natureza. O vírus se curvará diante de nossa inteligência, poder e recursos.

O que eles não estavam esperando eram tumultos nas ruas, estátuas derrubadas, movimentos de secessão, a escalada do extremismo político por todos os lados, a ignição do conflito racial e a propagação do niilismo. O que tem acontecido ao redor do mundo parece uma revolução. Quando você faz *lockdown* com uma população por decreto executivo, baseado em óbvia ignorância e medo, envia um sinal de que nada mais importa. Nada é verdadeiro, permanente, certo, errado. Melhor derrubar tudo de uma vez. Literalmente, você desencadeia o inferno.

Existem muitos precedentes históricos para isso, mas um episódio sempre me intrigou. Ele diz respeito ao crescimento da arquitetura brutalista após a Segunda Guerra Mundial. O movimento tratava de eliminar adornos de

Capítulo 6 | *O retorno do brutalismo*

construções, esquecendo-se da beleza, evitando a estética do passado e projetando somente para a temporalidade e funcionalidade.

O brutalismo, iniciado na Alemanha como sucessor do movimento Bauhaus após a Grande Guerra, é o movimento que, eventualmente, nos deu todos os horríveis edifícios governamentais dos EUA, edificados entre os anos 1960 e 1990. Eles são de concreto, esparsos e ligeiramente horríveis aos olhos, porque foram feitos para isso. Era um movimento que rejeitava a estética. Queria e demandava a verdade crua: um edifício deve ser ocupado. Ele deveria ser "essencial", nada mais.

Após a Segunda Guerra Mundial, a questão era como substituir o que foi bombardeado e destruído durante a guerra. O pior exemplo havia sido Dresden, por ter enfrentado uma destruição inacreditável. Eventualmente, aquela cidade e toda a sua gloriosa arquitetura foi restaurada. Contudo, o choque de que governos simplesmente podiam destruir tudo à vista, nada era sagrado, foi uma lição que impactou toda uma geração de *designers*. Por todo o restante da Alemanha e para a maior parte do restante da Europa, o Reino Unido e os EUA, a lição era: edifícios devem ser "bombardeáveis". Portanto, nada de valor será perdido.

Esse espírito tornou a escola brutalista muito influente. Muitos edifícios antigos, desde a Idade Média até o início do século XX, haviam sido construídos com grandes aspirações, inclusive teológicas. Contudo, a guerra demonstrou que tudo é temporário. Nada é realmente verdadeiro, ou sagrado. Deus está morto, do contrário, incontáveis milhares de vidas não teriam sido sacrificadas. Nossa arquitetura do pós-guerra deveria abraçar a realidade aprendida por nós durante o tempo de guerra, segundo a qual, no final das contas, pouca coisa importa. Tudo pode ser bombardeado. Nada está acima da destruição. Portanto, o passado deve morrer e todo o novo deve ser dispensável.

Isso é niilismo. É uma expressão de desespero. É um grito contra a ideia de que futuro e passado devam ter qualquer relação entre si. Pode-se muito bem derrubar monumentos. Queimar edifícios. Fazer tumultos nas ruas. E, já que estamos nisso, esqueçamos a lógica, a racionalidade, as lições de história e, até mesmo, as preocupações humanas com os outros. Nossos governos, democraticamente eleitos, claramente não se importam com o Estado de Direito, a empatia, a moralidade e não têm qualquer humildade. Logo, por que não deveríamos acreditar nas mesmas coisas e nos comportarmos da mesma maneira?

A raiva reprimida entre 15 de março e 1º de junho de 2020 se expressou de várias maneiras. Você percebe isso na sua própria vida. Pense nos relacionamentos que foram destruídos, como você descontou sua raiva naqueles que ama, e eles em você, e como você disse e fez coisas que seriam impensáveis na mesma época do ano passado. Os *lockdowns* tornaram todos um pouco patológicos. Não falo apenas do crescimento dos suicídios e das *overdoses* de droga. Estou falando da crueldade casual com a qual as pessoas se envolveram ao longo desses meses, a maneira como nossos velhos códigos de boas maneiras, disciplina, caráter e integridade, de repente, pareceram irrelevantes. Verdades e mentiras se misturaram em um mingau confuso.

Afinal, se governos realmente podem nos trancar em nossas casas, dividir a população entre essenciais e não-essenciais, fechar nossas casas de culto, forçar-nos a usar máscaras e exigir que pulássemos como gafanhotos para evitarmos uns aos outros, o que isso nos diz sobre códigos de moralidade e decência humana, construídos por nós ao longo de gerações? Se os governos não se importam, por que nós deveríamos? De uma maneira ou de outra, todos se envolveram nessa forma de niilismo ao longo dos últimos setenta e cinco dias. Para muitas pessoas, isso caiu no próprio destrutivismo[40].

No melhor dos mundos, o verdadeiro e o certo não devem depender do tratamento governamental de direitos essenciais. Na realidade, isso faz uma enorme diferença. Se o governo não se importa em nada com nossa liberdade de movimento e nossos direitos econômicos, por que alguém deveria?

Esta é a essência da visão brutalista da vida. Apenas faça. Precisamos apenas do essencial. Todo o restante é sacrificável. Nada mais importa, nem contexto, verdade, decência, passado ou futuro.

Você poderia me dizer que tumultos, destruição e a insanidade completa ao nosso redor não estão obviamente conectadas com o *lockdown*. Eu discordo. Os manifestantes, desordeiros, derrubadores de estátuas e incendiadores de edifícios podem não articular as razões precisas para seu comportamento, porém, se você olhar com atenção, verá pessoas exigindo de governos e *establishments* que prestem atenção nos desejos das pessoas. Pessoas importam. Vontade importa. Não podemos ficar em *lockdown*. Não somos animais, nem seremos

---

[40] TUCKER, Jeffrey A. "The Joker and the Ideology of Destructionism". *American Institute for Economic Research*, 7 de outubro de 2019.

tratados como autômatos em modelos baseados em agentes. Não seremos parte da ideia de outra pessoa a respeito da história. Nós somos a história.

Dessa maneira, governos nos empurraram todos em direção à adoção de uma teoria de vida brutalista. Somente por terem feito o primeiro movimento, agora não termos escolha a não ser revidar. Brutalidade encontrará brutalidade. Certamente, não estou endossando essa visão de mundo. Acho isso altamente lamentável, inclusive, imoral. Não cria nada. Ainda assim, quando governos se comportam desta maneira, como se a liberdade não importasse, é isso que desencadeiam. Eles punem e expulsam a decência, a integridade e a virtude. Quando você faz isso, liberta forças imprevisíveis de dentro da sociedade, tornando o mundo feio, até mesmo, aterrorizante.

Existe uma resposta para essa incivilidade crescente. Não deixem governos, e sua flagrante má gestão dessa crise, destruírem sua integridade, sua capacidade de amar, sua crença em direitos, suas aspirações para si mesmos e para os outros. A única maneira de combater o brutalismo é através da liberdade e da beleza, e isso começa em sua própria vida.

CAPÍTULO 7

Quando a insanidade acabará?

Estava sentado no salão verde de um estúdio de televisão, em Manhattan, no dia em que a tempestade pareceu chegar. Era uma quinta-feira, 12 de março de 2020, e eu esperava, ansiosamente, por uma aparição na televisão, esperando que os trens não seriam interrompidos antes de deixar a cidade. Os trens nunca pararam, mas metade de todo o restante, sim. Nesse dia, todos sabiam o porvir. Havia pânico de doença no ar, fomentado, principalmente, pela mídia e figuras políticas. Um mês antes, a ideia de *lockdown* era impensável. Contudo, agora parecia poder acontecer a qualquer momento.

Um homem magro, barbado e de aparência sábia, com óculos em estilo freudiano, sentou-se de frente para mim, logo após deixar o estúdio. Ele estava lá para recuperar o fôlego depois da sua entrevista, mas parecia profundamente perturbado.

"Existe medo no ar", eu disse, rompendo o silêncio.

"A loucura está ao nosso redor. O público está adotando um transtorno de personalidade que eu tenho tratado durante toda a minha carreira".

"O que você faz?", perguntei.

"Sou um psiquiatra especializado em distúrbios de ansiedade, delírios paranoicos e medos irracionais. Tenho tratado isso em indivíduos, como especialidade. Já é suficientemente difícil conter esses problemas em tempos normais. O que está acontecendo agora, é a disseminação desse problema médico sério entre toda a população. Ele pode acontecer por qualquer motivo, mas aqui vemos um medo primitivo de doença, transformado em pânico generali-

Capítulo 7 | *Quando a insanidade acabará?*

zado. Parece quase deliberado. É trágico. Uma vez começado, pode levar anos para reparar o dano psicológico".

Sentei ali um pouco atordoado. Parcialmente, porque falar em termos tão apocalípticos era novidade naqueles dias. Também, por causa da certeza de sua opinião. Subjacente a seus breves comentários, estava a presunção de não haver nada particularmente incomum a respeito desse vírus. Nós havíamos evoluído com vírus, aprendido a tratá-los com calma e profissionalismo. O que distinguia o momento presente, sugeria ele, não era o vírus, mas o desencadeamento de um tipo de loucura pública.

Eu era um cético inicial da narrativa "vamos todos morrer". Contudo, mesmo eu estava inseguro se ele estava correto quanto ao real problema ser não físico, mas mental. Nessa época, eu mesmo era cauteloso quanto a apertos de mão e carregava comigo algum desinfetante. Aprendi posteriormente, claro, que muitos profissionais da área médica tinham tentado acalmar as pessoas durante semanas, instando o funcionamento normal da sociedade no lugar do pânico. Levou semanas, porém, para eu mesmo perceber que ele estava certo: a principal ameaça sofrida pela sociedade era uma condição psicológica.

Eu deveria ter me voltado, imediatamente, para um livro que me cativou durante o ensino secundário. Trata-se de *Memorando de Extraordinários Engodos Populares e as Loucuras das Multidões*, de Charles Mackay (1814-1889)[41]. Eu gostei de lê-lo porque, embora enfatizasse a loucura humana, também parecia indicar que nós, como civilização, superamos aquele período na história. Ele me permitiu rir do quanto as pessoas eram ridículas no passado, com pânicos repentinos a respeito de cabelos compridos e barbas, joias, bruxas, o Diabo, profecias e feitiçaria, doenças e curas, especulação com terras, tulipas, praticamente com qualquer coisa. Em um número surpreendente de casos, detalha ele, a doença tem o papel, geralmente, como evidência de uma força maliciosa operando no mundo. Quando o medo atinge um certo patamar, a normalidade, a racionalidade, a moralidade e a decência se desvanecem, substituídas pela estupidez e pela crueldade chocantes. Ele escreve:

---

[41] MACKEY, Charles. *Memorando de Extraordinários Engodos Populares e as Loucuras das Multidões*. Londres: Richard Bentley Publishers, 1841.

Lendo a história das nações, descobrimos que, assim como indivíduos, elas [as massas] têm seus caprichos e peculiaridades; seus períodos de entusiasmo e imprudência, quando não se preocupam com suas ações. Descobrimos comunidades inteiras, de repente, fixando suas mentes em um objeto, enlouquecendo em sua busca; milhões de pessoas se tornando, ao mesmo tempo, impressionados com uma ilusão, correndo atrás dela, até sua atenção ser capturada por alguma nova insensatez mais cativante do que a primeira. Vemos uma nação ser repentinamente capturada, de seus membros mais altos aos mais baixos, por um feroz desejo de glória militar; nenhum deles recobrando os sentidos, antes que se tenha derramado rios de sangue e semeado uma colheita de gemidos e lágrimas para serem colhidos na posteridade [...]. Os homens, bem se disse, pensam em rebanhos; perceberemos que enlouquecem em manadas enquanto só recuperam os sentidos aos poucos, um a um.

Depois de 2005, quando a *Internet* se tornou um repositório sério de conhecimento humano, tornando-se acessível por meio de *smartphones* e acesso praticamente universal, eu também fui tentado pela ideia de entrarmos em uma nova Era da Iluminação, onde frenesis em massa seriam rapidamente interrompidos pela sabedoria nascente.

Você pode encontrar a evidência da minha ingenuidade no meu artigo de 5 de abril de 2020, "With Knowledge Comes Calm, Rationality, and, Possibly, Openness"[42]. Meu pensamento, então, era que as evidências do impacto extremamente discriminatório do vírus em pessoas com setenta anos, ou mais, e com condições preexistentes, causaria uma percepção repentina do vírus estar se comportando como um vírus normal. Não iríamos todos morrer. Usaríamos a racionalidade e reabriríamos. Lembro-me de escrever, com um sentimento de confiança: a mídia iria reportar o novo estudo e o pânico iria terminar.

Eu estava absurdamente errado, juntamente com o meu sentimento de quatro meses de que tudo isso acabaria na segunda-feira. O psiquiatra que conheci em Nova York estava correto: a droga do medo já havia invadido a mente

---

[42] TUCKER, Jeffrey A. "With Knowledge Comes Calm, Rationality, and, Possibly, Openness". *American Institute for Economic Research*, 5 de abril de 2020.

Capítulo 7 | *Quando a insanidade acabará?*

do público. Uma vez lá, leva um tempo muito longo para se recuperar. Isso foi tornado bem pior pelos políticos. Eles tinham alimentado apenas a fera do medo. Rapidamente, o vírus se tornou a doença mais politizada da história e, consequentemente, a fera política nada fez para ajudar a administrá-la e fez muito para tornar tudo vastamente pior.

Aprendemos através dessa provação que, apesar de nossa tecnologia, nosso conhecimento, nossa história de construção de prosperidade e paz, não somos mais inteligentes do que nossos ancestrais e, em alguma medida, menos inteligentes do que nossos pais e avós. A experiência com a Covid-19 causou uma reversão em massa às superstições e pânicos que, esporadicamente, definiam a experiência humana de eras passadas.

Eventualmente, as pessoas devem, e irão, recobrar seus sentidos, mas como diz Mackay: as pessoas "enlouquecem em rebanhos, enquanto para recobrar os sentidos é lentamente e uma a uma".

PARTE II | A CARNIFICINA

CAPÍTULO 1

Por que eles fecharam as escolas?

Em 12 de março de 2020, um grito parecido com o de uma alma penada ecoou por uma lista de *e-mails* de profissionais de saúde pública e oficiais do governo que, então, se encontravam em estado de colapso mental. Puxem o gatilho agora, gritava o memorando. Fechem as escolas.

Assim como qualquer corrente de *e-mails*, algumas vozes dominantes postavam mais do que outras e com mais paixão. Enquanto isso, algumas se encolhiam com medo de serem repreendidas. Foi esse o caso a seguir: um discípulo de modelo computacional, dr. Carter Mecher, da Administração dos Veteranos, estava convencido de que o coronavírus seria uma nova gripe espanhola. Por quê? Não explicou. Primordialmente, ele queria testar seu modelo de fechamento/*lockdown*/distanciamento social, no qual esteve trabalhando durante quatorze anos, desde que se converteu às técnicas de modelagem baseadas em agentes. O coronavírus de 2020 era uma desculpa tão boa quanto qualquer outra.

Mecher emergiu como um líder da lista, enviando centenas de mensagens, cada vez mais alarmantes. Outros já haviam se unido ao grupo de alarmistas. Duas semanas antes, o colaborador do *New York Times*, Daniel McNeil havia previsto publicamente que até 6,6 milhões de norte-americanos morreriam. Isto é, se você tivesse trezentos amigos, seis deles morreriam de Covid-19[43]. Ele sabia disso, pois esse vírus "lembrava" a gripe espanhola.

---

[43] TUCKER, Jeffrey A. "Why Does the New York Times Deny the Obvious?". *American Institute for Economic Research*, 5 de junho de 2020.

Mecher, um antigo defensor da teoria dos vírus dos "piolhos" (em que "esconde-esconde" é sempre a solução), pediu o fechamento imediato das escolas em todo o país, embora já fosse evidente que a Covid-19 representava quase nenhuma ameaça para os alunos. Puxem o gatilho agora, ele exigiu. Façam tudo de uma vez, agora. Anexou a seu longo documento imagens surpreendentes de morte em massa e como o fechamento das escolas preveniria aquilo. Não é nada demais, prometia ele. As crianças adoram ficar em casa. Isso irá unir as famílias (desde que as pessoas se mantenham a um metro e oitenta de distância).

Em poucos dias, aconteceu. Então, os dominós começaram a cair. Se as crianças estão em casa, os pais também devem ficar. Escritórios e lojas devem fechar também. Se eles forem crianças mais velhas, irão se reunir em *shopping centers* e parques. Então, estes também devem fechar. Da mesma forma, os parques de diversão, pistas de boliche, aquários, museus. Tudo, menos os negócios mais essenciais.

Em um piscar de olhos, uma nação em *lockdown*. Lembremo-nos que tudo começou domesticamente (Trump já havia banido, absurdamente, as viagens internacionais), com as escolas, das quais as crianças dependem para educação e conexão social, pagas pelos pais através de impostos e mensalidades. Estados, sem aviso, e apenas com evidência de um frenesi enlouquecido e amedrontador, fecharam suas portas. Mandaram dezenas de milhões para casa, perturbando a vida de todas as famílias norte-americanas

Em 1º de maio de 2020, a prestigiada revista *The Lancet* publicou o seguinte:

> Atualmente, a evidência apoiando o fechamento nacional das escolas para combater a Covid-19 é muito fraca. Os dados dos surtos de influenza sugerem que o fechamento das escolas poderia ter efeitos relativamente pequenos para um vírus com a alta transmissibilidade da Covid-19 e um aparente efeito clínico baixo em crianças em idade escolar. Ao mesmo tempo, esses dados mostram que o fechamento das escolas pode ter consequências sociais e econômicas profundas[44].

Ops! Até onde sei, Carter Mecher não tem dito nada esses dias.

---

[44] VINER, Russell M., RUSSELL, Simon J., CROKER, Helen, PACKER, Jessica e WARD, Joseph, *et al*. "School Closure and Management Practices during Coronavirus Outbreaks Including COVID-19: A Rapid Systematic Review". *The Lancet* 4(5), 2020, p. 397-404.

CAPÍTULO 2

Os *lockdowns* mataram as artes

O que fechou nas artes? Quase tudo. A menos que você queira ligar seu *laptop*. Do contrário, esqueça. Quase ninguém está sendo pago por uma performance ao vivo de qualquer coisa.

Muitos corais voluntários estão proibidos de ensaiar. Não, um culto fundamentalista totalitário não tomou o poder. Algo diferente aconteceu. Vamos olhar a carnificina, começando com as minhas memórias a respeito do amanhecer desse desastre.

As duas pessoas sentadas ao meu lado no bar da estação de trem estavam desanimadas. Elas trabalhavam na Broadway. Uma era um músico instrumentista e a outra, um cantor. Elas haviam acabado de ser avisadas sobre o fechamento forçado da Broadway, a mando do governador. Isso foi na tarde de 12 de março de 2020. Disseram que, seguramente, será apenas por uma ou duas semanas. Eu concordei. Afinal, essa é a Broadway! Brindamos a uma reabertura rápida. No momento em que escrevo isto (14 de julho de 2020), esse encontro foi há cento e vinte e três dias. Em 29 de junho de 2020, foi tornado oficial[45]: a Broadway permanecerá fechada durante o resto do ano. A data de reabertura seria, posteriormente, modificada para o começo de 2021.

Não tenho ideia do que essas boas pessoas têm feito de suas vidas desde então. Apresentações de música ao vivo têm sido devastadas pelos *lockdowns*. A maior parte desses artistas vive uma vida financeiramente alavancada, traba-

---

[45] MCPHEE, Ryan. "Broadway Will Officially Remain Closed Through 2020". *Playbill*, 29 de junho de 2020.

lhando e sendo pagos de *show* em *show*. É sua grande habilidade. Um grande número deles ficou forçosamente desempregado. Penso no pianista que toca no *lobby* do hotel local, com um amigo de seus amigos, a banda de *rock* com uma performance todas as noites no *pub*, o maestro de coral forçado a sentar sobre suas mãos durante meses, o diretor de banda que não tem banda, o diretor de filmes sentado em pilhas de roteiros promissores, a pintora lutadora que é impossibilitada de mostrar sua arte, o dançarino sem oportunidades de performance, o cantor de ópera que encara nove meses de performances canceladas.

Tudo isso em nome da administração de doenças. Governos declararam as artes como não-essenciais, dispensáveis, anuláveis. Possivelmente, é o maior ataque à arte e à beleza desde a iconoclastia do século XVI, quando turbas saquearam igrejas, arrancaram pinturas e derreteram castiçais em fogueiras. Naquele tempo, a motivação era purificar o mundo do pecado. Atualmente, pensamos estar purificando o mundo da doença.

Aqui, nas Berkshires do oeste de Massachusetts, uma tradição regional é o festival de música de Tanglewood. É o lar de verão da Orquestra Sinfônica de Boston. Em todas as temporadas há sinfonias e concertos de câmara, atraindo dezenas de milhares de pessoas, que se sentam no gramado, ou em ambientes fechados, e assistem a palestras. Em tempos sofridos para a música clássica, Tanglewood encontrou uma maneira de torná-la moderna e até lucrativa.

Esse ano ele foi cancelado. Os anos de preparação, os contratos, as gravações, a logística, os campos de treinamento, os profissionais e professores; tudo foi levado embora pelo decreto governamental. Os belos espaços estão vazios. Não é somente uma calamidade econômica. É também uma tragédia civilizacional. E tem mais:

- Balé de Nova York: cancelado[46];
- Carnegie Hall e Lincoln Center: fechados pelo resto do ano[47];
- Kennedy Center: fechado[48];

---

[46] GANS, Andrew. "New York City Ballet Cancels 2020 Fall Season". *Playball*, 18 de junho de 2020.
[47] BAHR, Sarah. "Carnegie Hall and Lincoln Center Cancel Fall Performances". *The New York Times*, 18 de junho de 2020.
[48] THE KENNEDY CENTER. "Kennedy Center Cancels Most Previously Scheduled Performances Through the End of 2020 Due to COVID-19". *The Kennedy Center*, 23 de junho de 2020.

Capítulo 2 | *Os lockdowns mataram as artes*

- Sinfônica de Chicago: cancelada[49];
- Tour do coral Mórmon Tabernacle: cancelado[50];
- Galerias de arte por todo o país: fechadas por força, ou necessidade econômica[51];
- Eventos de teatro de Chicago: uma longa lista de devastação[52];
- Corais de igrejas ao redor do mundo: silenciados[53];
- Lendário clube de *jazz* Blue Note: fechado até segunda ordem;
- Um coral no Texas foi criticado na imprensa por "cantar sem máscaras" durante a visita do vice-presidente norte-americano[54].

No Reino Unido, o governo anunciou financiamento de emergência para as artes, incluindo coros, para ajudar com a dor. Porém, como duzentos músicos importantes escreveram no jornal *The Telegraph*, eles preferiam muito mais voltar logo a ensaiar e se apresentar[55]. Uma tradição de composição e apresentação, que remonta a quinhentos anos, juntamente com catedrais, escolas de coral e salas de espetáculos, foi tratada selvagemente pelo governo, como se nada disso importasse. Pior, esses burocratas imaginam que, a excelência na apresentação de música e ensino, pode ser ligado e desligado como alguma espécie de eletrodoméstico.

Considere, por exemplo, o destino dos corais escolares. O diretor Charles Cole escreve:

---

[49] FROST, Crystal A. "'Nothing like This Has ever Happened': How Orchestra Musicians are Faring in The Pandemic". *Grammy Awards*, 17 de junho de 2020.

[50] WALCH, Tad. "Tabernacle Choir at Temple Square's Summer Tour Postponed until 2021". *Deseret News*, 27 de abril de 2020.

[51] SCHULTZ, Abby. "Art Galleries Report Steep Revenue Drops Amid Closures". *Barrons*, 20 de maio de 2020.

[52] THEATRE IN CHICAGO. "List of Chicago Theatre Events Canceled/ Postponed due to Coronavirus". *Theatre in Chicago*, 2020.

[53] KRAMER, Anna. "No Singing, no Chanting: Conservatives Object to California's Worship Restrictions". *San Francisco Chronicle*, 7 de julho de 2020.

[54] FOLLEY, Aris. "Choir of More than 100 People Sings without Masks at Pence Event in Texas". *The Hill*, 28 de junho de 2020.

[55] SWERLING, Gabriella. "Exclusive: Religious Music 'under Threat' Warn Composers and Musicians". *The Telegraph*, 10 de julho de 2020.

Corais infantis estão em constante estado de fluxo e desenvolvimento, e as vozes dos garotos passam por transformações acentuadas, exigindo uma gestão particular. Ao longo de um coral, os indivíduos estão em diferentes estágios de proficiência em leitura à primeira vista, habilidade de *pitching* e consciência musical geral. Os mais jovens aprendem com os mais velhos, com cada criança em diferente estágio na jornada. Através desse processo, a transmissão da tradição do próprio coral acontece, englobando as experiências musicais compartilhadas, o conhecimento colegial de um repertório específico e o próprio som único do coral, combinado ao edifício onde ele canta.

Nada disso pode ser, simplesmente, colocado em espera; precisa estar ativo para existir. Certamente, é o caso para os dois corais que dirijo, o London Oratory Junior Choir e o London Oratory Schola, em nome dos quais escrevi ao membro do Parlamento inglês Oliver Dowden, também Secretário de Estado para Digital, Cultura, Mídia e Esporte, para expressar essas preocupações[56].

Cole recebeu de volta apenas uma carta-padrão.

Como fui condutor de coral, uma vez na vida, sei como é difícil recomeçar após poucas semanas de pausa. Contudo, quatro meses, durante a principal temporada de apresentações? É brutal e ignorante. Quantos anos levaremos para reparar esse dano? Quantas instituições morrerão? Imagine a Inglaterra sem *O Messias*, de Handel (1685-1759), William Byrd (1543-1623) ou Thomas Tallis (c.1505-1585), ou mesmo os hinos de Ralph Vaughan Williams (1872-1958)! Por que as pessoas fizeram isso com nossas preciosas comunidades artísticas? E por que tão poucos estão fazendo objeções ou, até mesmo, falando sobre o assunto? Aliás, o que é a América sem *jazz* ao vivo, a Broadway e os filmes nos cinemas? Que diabos está acontecendo aqui?

A desculpa é o controle de doenças, como se corais e clubes de *jazz* fossem nada além de máquinas distribuidoras de germes. Não existe nenhuma razão em particular para acreditar nisso, dados os exageros da ameaça de um vírus, o qual atingiu seu pico de mortalidade nacional há seis meses.

---

[56] COLE, Charles. "Choirs: An Appeal for Common Sense". *New Liturgical Movement*, 28 de junho, de 2020.

Capítulo 2 | *Os lockdowns mataram as artes*

Oferecerei um caso empírico de três semanas atrás, quando eu estava entre as mais de quatrocentas pessoas de todo o país reunidas no interior, em um acampamento em New Hampshire, para o *PorcFest*[57]. Não havia distanciamento e quase ninguém usava máscara. Você poderia pensar que o evento se tornou uma placa de Petri da Covid-19, baseado no frenesi da mídia. Na verdade, uma pesquisa, após o evento de três dias, não revelou um único caso de doença. Nenhum!

Baseado nisso e em pilhas de evidências acumuladas diariamente sobre as fatalidades dessa doença, que estão, previsivelmente, focadas nos muito velhos e doentes, parece irremediavelmente ignorante ter feito isso com a comunidade artística.

Uma civilização sem arte não é uma alta civilização. Talvez, nem mesmo mereça o nome.

Às vezes, as pessoas usam a palavra "filisteu" para se referir a alguém que não aprecia arte. Se isso for verdade, que palavra podemos usar para aqueles que abolem as artes pela força?

---

[57] Para mais, leia o capítulo intitulado "O *PorcFest* Continuou Aberto".

CAPÍTULO 3

O *PorcFest* continuou aberto

Era o décimo sétimo ano do *Porcupine Freedom Festival*, em Lancaster, New Hampshire, realizado no Rogers Campground[58]. Foi uma reunião extraordinariamente animada, emocional e poderosa, desta vez. Principalmente, porque aconteceu em desafio à cultura do medo, espalhada pelos políticos e pela mídia durante meses. Ora, se Woodstock podia acontecer durante a gripe de Hong Kong (que matou cem mil americanos ao longo da temporada), certamente, o *PorcFest* podia seguir adiante, independente do que fosse a Covid-19[59].

Por causa dos bloqueios e dos fechamentos obrigatórios, a desolação e o desespero varreram muitas áreas do país. Empresas fechadas com tábuas, *plexiglass* separando as pessoas e tristeza por toda parte[60]. Contudo, aqui, durante três dias, cerca de quatrocentos de nós pudemos experimentar algo que poderíamos chamar de "velho mundo" (significando: fevereiro ou antes): apenas pessoas felizes, compartilhando ideias, comendo, confraternizando e se divertindo.

Estou certo de que os organizadores foram pressionados para cancelar, mas Carla Gericke ignorou a propaganda, seguindo em frente de qualquer maneira. Este ano foi um pouco diferente do usual, tendo perdido um pouco do brilho e do formalismo organizacional do passado. Porém, não foi pior por isso.

---

[58] PORCFEST. 2020. *Porcupine Freedom Festival*.
[59] Para mais, leia o capítulo intitulado "Woodstock Aconteceu no Meio de uma Pandemia".
[60] GILL, Anthony. "Tear Down this Plexiglass!". *American Institute for Economic Research*, 17 de junho de 2020.

Capítulo 3 | *O PorcFest continuou aberto*

Houve palestras sobre todos os aspectos da saúde, economia, história, filosofia, comércio, criptografia, armas de fogo, Covid-19, você escolhe. O pavilhão principal tinha algo acontecendo dia e noite e havia mini confraternizações por todo o acampamento.

A maior parte das pessoas acampam, mas também há chalés e hotéis para pessoas como eu. Mesmo assim, não há como contornar o aspecto "raiz" da conferência. Você não sabe quando, ou de onde, virá sua próxima refeição: isso dependerá inteiramente de quais *food trucks* estarão no local. Tudo é feito na base do "traga o seu". A vista das montanhas desde o acampamento é excepcional e estranhamente terapêutica.

Na verdade, todo o evento pareceu um pouco com terapia para pessoas traumatizadas. Famílias dirigiram por longas distâncias apenas para terem um gostinho de vida social novamente, estarem próximas das pessoas e encontrarem respostas sobre o que diabos tinha acontecido com nosso país, agora varrido pelo vento. Você poderia ver a tragédia e a esperança, nos olhos das pessoas. Pessoas que nunca conheci começaram a chorar na minha presença, somente pela felicidade do breve fim ao isolamento sentido por meses. As crianças ficavam particularmente entusiasmadas por ficarem sem focinheira por alguns dias e terem amigos com quem correr e brincar.

Phil Magness fez uma apresentação magistral de sua pesquisa sobre a história do fracasso da modelagem da Covid-19. Seu foco estava no principal proponente do *lockdown*: o agora famoso — mas diariamente desacreditado — Neil Ferguson e nas suas previsões loucas de muitos milhões de mortos. Ele, mais do que ninguém, foi responsável por desencadear um efeito de onda de *lockdowns* que chegaram ao Reino Unido e aos EUA. Políticas sem efeitos significativos em casos ou mortes, que destruíram negócios e as vidas de milhões, esvaziaram hospitais com a proibição de cirurgias e acabaram distraindo os profissionais médicos da única coisa que poderiam ter feito para reduzir o número de mortos: focar nas casas de repouso, responsáveis por 43% das mortes norte-americanas[61].

Já vi *trolls on-line* chamarem o evento *PorcFest* de *CovidFest*, o que é simplesmente ridículo. Em New Hampshire, em particular, 80% das mortes pela

---

[61] *THE NEW YORK TIMES*. "More Than 40% of U.S. Coronavirus Deaths are Linked to Nursing Homes". *The New York Times*. Acesso em junho de 2020.

Covid-19 aconteceram entre a população vivendo em serviços de acolhimento de longa duração. De acordo com o CDC, 91% das trezentas e onze mortes causadas pela Covid-19 no estado, ocorreram entre pessoas com mais de sessenta e cinco anos de idade e com problemas de saúde subjacentes[62].

Pense no significado disso: a probabilidade estatística, baseada em dados conhecidos, que participantes do *PorcFest* pudessem morrer ao contrair Covid-19 é quase zero. Ainda assim, os organizadores enfrentaram restrições a que tipos de negócios poderiam estar ali e determinações para entregarem folhetos condescendentes sobre distanciamento social, dentre outros. Mesmo com tudo isso, a conferência seguiu adiante. Isso, por si só, serviu como grande inspiração para todos os presentes: temos que retomar nossas vidas dos *lockdowners*.

Fiquei emocionado ao receber duas horas inteiras para minha palestra, na qual compartilhei todo o aprendizado dos últimos meses sobre a história dos vírus, a política de pandemia nos Estados Unidos da América e as origens dos *lockdowns* em 2006, durante a presidência de George W. Bush. Este foi o ponto de inflexão para o Centro de Controle de Doenças e o verdadeiro início da politização da doença. Os modeladores prevaleceram sobre os profissionais médicos e o presidente Bush ordenou a adoção pelo CDC de suas políticas para incluir paralisação, fechamentos e *lockdowns*. Foi um momento trágico, contra o qual o profissional médico protestou, com paixão e sabedoria[63].

Durante catorze anos, esses planos ficaram ali, prontos para serem implementados. Durante esse período, o entusiasta de vírus Bill Gates e seu dinheiro impulsionaram a teoria do *lockdown* e a visão de que a única maneira de obter a imunidade coletiva seria por meio de uma vacina, como se não existisse imunidade natural ou adquirida. Tudo isso foi implementado sem nenhuma preocupação séria com coisas como liberdade, prosperidade, paz ou funcionamento social. Foi um experimento social louco e imoral, e vemos resultados totalmente previstos pelos profissionais médicos em 2006:

---

[62] CDC. "Provisional COVID-19 Death Counts by Sex, Age, and State". *Centers for Disease Control and Prevention*. Acesso em 29 de junho de 2020.

[63] STRINGHAM, Edward Peter. "How a Free Society Deals with Pandemics, According to Legendary Epidemiologist and Smallpox Eradicator Donald Henderson". *American Institute for Economic Research*, 21 de maio de 2020.

Capítulo 3 | *O PorcFest continuou aberto*

A experiência nos mostrou que comunidades enfrentando epidemias, ou outros eventos adversos, respondem melhor e com menos ansiedade quando o funcionamento social normal da comunidade é menos perturbado. Forte liderança política e na saúde pública, para prover tranquilidade e garantir o fornecimento de serviços médicos necessários, são elementos críticos. Se qualquer um dos dois for considerado abaixo do ideal, uma epidemia administrável pode se transformar em uma catástrofe.

Catástrofe é um termo muito bom para descrever onde estamos hoje. Mesmo assim, se você ligar a televisão, verá que toda a discussão mudou de mortes causadas pela Covid-19 para número de casos. A razão para isso é a queda das mortes em 90% desde seu pico. Sem dúvida, o número de casos subiu, mas é exatamente o que deveria acontecer sob a teoria do "achatamento da curva".

Alguém ainda se lembra do propósito de empurrar os casos para o futuro, de modo a preservar a capacidade dos hospitais? Nunca foi teorizado (naquele tempo) que se esconder de um vírus o faça ir embora. Mais ainda, os casos vistos hoje são predominantemente entre jovens, para quem esse vírus dificilmente é uma doença. Olhando para a histeria da mídia hoje em dia, você quase tem a impressão de que certas pessoas não querem que esse vírus desapareça como a maioria deles: com as pessoas adquirindo imunidades.

Deixando tudo isso de lado, costumávamos falar deste país como a terra dos livres e o lar dos bravos. Nossa resposta a este vírus sacrificou a liberdade, baseando-se no medo. Ao invés de focar no problema real — pessoas vulneráveis em casas de repouso, muitas das quais, na verdade, foram forçadas a receber pacientes com Covid-19 — fechamos quase todo o país por absolutamente nenhuma razão.

Lembro-me de minha primeira ida ao *PorcFest*. Fiquei surpreso com o que vi. Essas são pessoas para quem a liberdade não é apenas um jogo de salão teórico, jogado por intelectuais. Liberdade para as pessoas neste evento é algo a ser abraçado como um princípio de vida, algo a ser aplicado com bravura, determinação e alegria. Ao realizar o evento este ano, o *PorcFest* manteve a sua grande tradição. E deu uma grande contribuição para a vida de muitas pessoas: para muitos, foi a única coisa normal experimentada por eles em três meses, desde março.

CAPÍTULO 4

Que bem virá dessa tragédia?

Muitos milhões de pessoas passaram os últimos quatro meses em tristeza e depressão. É difícil assistir ao mundo arrasado pelo mau comportamento dos governos — e ver muitos entre nós comemorando a destruição — e não sentir desespero. Ainda assim, a mente humana é algo incrível. Caso a utilizemos, conseguimos tirar boas lições de eventos terríveis. Fazê-lo requer esforço e pode alegrar o espírito, apontando o caminho adiante para fora do atoleiro. Retirei três aspectos positivos dessa experiência.

Primeiro, superei completamente meu vício de décadas em notícias. Sempre adorei os noticiários, mesmo quando era criança. Durante anos, li o jornal *Washington Post* no meu café da manhã. Depois, mudava para o jornal *The New York Times*, e aprendi a retirar a verdade de sua cobertura tendenciosa, mas abrangente. Posteriormente, adicionei o periódico *Wall Street Journal*. Quando os assistentes domésticos apareceram, programei o meu para tocar oito horas (se eu precisasse) de notícias ininterruptas: BBC, NPR, NYT e tantas outras. Parecia um luxo. O ponto de virada, para mim, veio em 28 de fevereiro de 2020, quando o *podcast* do *New York Times* (que costumava ser o meu favorito) enviou uma matéria de "pornografia do pânico", prevendo que o coronavírus mataria 6,6 milhões de norte-americanos, ou "seis de seus amigos".

Foi um choque repentinamente percebê-los mudarem seu *podcast* principal de modo a amedrontarem o público a fim de apoiarem um *lockdown*. Explicitamente. Essa era a agenda. Eles admitiam isso, mais ou menos. Naquele momento, percebi que o jornal havia se inscrito para contribuir com um plano malicioso para colocar em prática um experimento social/político sem prece-

Capítulo 4 | *Que bem virá dessa tragédia?*

dentes. O *Times* liderou o caminho. Pouco depois, a mídia *mainstream* se tornou universalmente pró-*lockdown*, provavelmente por razões políticas. Um vírus comum e moderado, perigoso principalmente para um determinado grupo demográfico com baixa expectativa de vida e quase inofensivo para todos os outros, era retratado diariamente, de hora em hora, como uma nova peste bubônica.

Eu posso ter escutado por alguns dias a mais. Depois, parei. E eu enxerguei a luz. Decidi, de maneira repentina e chocante, parar de encher minha cabeça com absurdos. As "notícias" não estavam me oferecendo informações para me ajudarem a entender o mundo; estavam prejudicando minha habilidade em pensar com clareza. Poucos meses depois, como um relógio, a revolução no *New York Times* havia sido completa, quando seu diretor de opinião, contratado para diversificar as opiniões no jornal, foi demitido sem cerimônia por ter diversificado a opinião no jornal[64]. (Os adeptos da teoria crítica descobriram um novo amor pelo direito das instituições a despedir pessoas, contradizendo décadas de oposição da esquerda ao mesmo).

Comecei a obter minhas informações cavando por elas, encontrando contas confiáveis de *Twitter* para seguir, passando meu tempo em páginas estatísticas e, de outras maneiras, encontrando fatos, lendo história e me educando cada vez mais profundamente, em vez de simplesmente confiar na mídia. Com uma exceção: o *Wall Street Journal*, que teve desempenho heroico durante tudo isso[65]. Nesse ponto, posso dizer: nunca voltarei. Meu vício em "notícias" foi curado. Estou melhor por causa disso. Foi doloroso, mas estou contente.

Você pode estar pensando: já estava na hora. O noticiário sempre teve o propósito de capturar olhos e ouvidos e vender comerciais. É só entretenimento. Isso se tornou especialmente verdadeiro com os ciclos de notícias de 24 horas. Eu não discordo. Deveria ter desistido há anos. Mesmo agora, posso imediatamente discernir entre uma pessoa que assiste a noticiários na televisão, ou escuta rádio *mainstream*, e aqueles realmente informados sobre o que está acontecendo. De qualquer maneira, percebo isso como uma verdadeira vitória, cortesia do *lockdown*.

---

[64] TRACY, Marc. "James Bennet Resigns as *New York Times* Opinion Editor". *The New York Times*, 7 de junho de 2020.
[65] STRINGHAM, Edward Peter. "A Tribute to the *Wall Street Journal's* Editorial Page". *American Institute for Economic Research*, 11 de maio de 2020.

Segundo, poupei uma quantidade tremenda de dinheiro, não indo a restaurantes, bares e cinemas. Fico triste por todos os lugares que fecharam. É injusto e maligno. Contudo, de minha própria perspectiva, aprendi a viver uma boa vida gastando, provavelmente, 30% a menos comparado aos gastos anteriores. Voltei a me apaixonar pela cozinha, coquetéis feitos em casa e leitura. É tudo para o bem. Duvido voltar a agir como antes, pois agora posso fazer todas as minhas comidas favoritas por uma fração do preço que costumava pagar. Agora que estão reabrindo, talvez eu vá a alguns restaurantes, porém, duvido voltar ao estado de coisas anterior.

Terceiro, aprendi uma lição imensamente valorosa: uma civilização pode ser desmantelada em questão de meses. Pode acontecer novamente, caso não existam vozes apaixonadas aí fora que entendam suas bases e possam defendê-las com integridade intelectual, fatos e poder retórico. Nunca imaginei algo assim acontecendo. Pensei ser impossível com uma Constituição, uma tradição de liberdade e um povo que nunca permitiria a retirada tão repentina e cruel de seus direitos humanos. Aconteceu, e saber disso renovou minha paixão por meu projeto de vida de amar, entender e disseminar a ideia de liberdade.

Extraordinário como tudo aconteceu. O governo e seus defensores pegaram um assunto sobre o qual o público hoje é largamente ignorante e temeroso — um vírus e a alegação de que 8,25 milhões de norte-americanos morreriam —, e se aproveitou dessa ignorância para conseguir fazer as pessoas desistirem de seus direitos. Mesmo essa coisa toda tendo sido mapeada há quatorze anos, talvez como uma maneira de encontrar alguma razão para a continuada e crescente presença do governo em nossas vidas, apesar de sua crescente irrelevância, muitos daqueles do lado da liberdade foram pegos de surpresa e não sabiam como responder.

Muitas pessoas — mesmo aquelas com o trabalho de "promover a liberdade" —, simplesmente se calaram. Durante meses. Justamente quando suas vozes eram mais necessárias. Aquilo foi uma tragédia. Serei eternamente grato pelas páginas do AIER que, por algumas vezes durante esses meses, pareceram-se com uma voz solitária de sanidade lá fora[66].

Essa terceira lição — ser grato por nossas liberdades e civilização, e nunca pensar que elas possam ser tomadas como certas — é, talvez, a mais va-

---

[66] YANG, Ethan. "Smash the COVID Orthodoxy". *American Institute for Economic Research*, 4 de julho de 2020.

Capítulo 4 | *Que bem virá dessa tragédia?*

lorosa. Penso também que minha experiência em aprender essas lições não seja única. Suspeito que muita gente inteligente tenha perdido a fé nas notícias, redescoberto a frugalidade e encontrado uma nova maneira de se dedicarem à defesa da liberdade e dos direitos humanos. Nos dias que virão, precisaremos de mentes mais fortes e inteligentes para lutar pelas batalhas do futuro. Esses meses terríveis podem ter sido a preparação necessária para nos assegurarmos que a verdade e a liberdade, no final das contas, prevalecerão.

CAPÍTULO 5

O dia em que os problemas do primeiro mundo se tornaram reais

Cerca de dez anos atrás, um *meme* popular chamado "problemas do primeiro mundo" se espalhou pela *Internet*. A ideia aqui era zombar do quanto fomos estragados pela prosperidade e conveniência, e do quanto é estranho ainda acharmos coisas sobre as quais reclamar. Nada pode dar errado e, mesmo assim, achamos defeito nas coisas a nosso redor. É uma versão sobre a falácia da privação relativa, o hábito de se deleitar com o sofrimento falso, tendo um subtexto de que temos tudo ridiculamente bom.

"Meu *laptop* está quase sem bateria, mas o carregador está na sala ao lado, então, precisarei me levantar do sofá e caminhar pela casa como um camponês".

"A CVS tinha quarenta e oito marcas de pasta de dentes, mas não exatamente a que eu queria, então, é tipo guerra na Rússia".

E assim por diante.

Você entendeu a ideia. É tudo divertido, charmoso e dialoga com a verdade. Nós nunca apreciaremos completamente a benevolência da riqueza legada pela economia de mercado e nunca deixaremos de reclamar por não termos o suficiente. Ainda assim, essas reclamações servem ao propósito de revelar partes de um mundo imperfeito a serem consertadas. Um grande exemplo são os lenços desinfetantes Clorox, agora presentes em todos os lares norte-americanos. Eles não existiam há vinte anos. Você tinha que misturar um líquido com água e pegar alguns trapos, depois lavá-los como um servo medieval. Agora, você só abre uma tampa e pega o necessário, jogando fora o trapo descartável. Incrível.

Capítulo 5 | *O dia em que os problemas do primeiro mundo se tornaram reais*

Outra característica desses *memes* de problemas do primeiro mundo é uma suposição subjacente de que as coisas só podem melhorar daqui para a frente. Não há perigo real de uma perda repentina de prosperidade, ou acesso à riqueza. Somos tão ricos, que nada pode nos atingir. Podemos reclamar ostensivamente de maneira tola, sem, de alguma forma, agourar nossos privilégios. Nossa condição de ricos é tão inquestionável quanto irreversível. Com nossa prosperidade permanente, estamos condenados a reclamar para sempre de coisas triviais.

Isso foi antes do evento mais estranho e perverso de nossas vidas, o *lockdown*, derrubar tudo o que pensávamos ser verdade a respeito do mundo ao nosso redor. Quase de um dia para o outro, nossas viagens foram canceladas. Escolas foram forçadas a fechar. Encaramos restrições de viagem entre estados. Não podíamos usar serviços médicos, a menos que tivéssemos uma doença específica. Bares, restaurantes, varejistas e a própria vida normal se foram. Os *lockdowns* eram executados por burocratas, polícia, equipes da SWAT e com uma mídia torcedora que nunca parou de nos passar sermões para obedecermos a nossos mestres, consentirmos por motivos de saúde, confiarmos nos especialistas e esquecermos dos nossos chamados "direitos".

As primeiras duas semanas foram dominadas por choque e pavor. Então, o desespero se instalou, junto com a bebida, o uso de drogas, a depressão, o suicídio. Uma sensação geral do mundo inteiro ter mudado, de tal maneira que poderia ser associado a um pesadelo do qual não poderíamos acordar. Cada dia era pior que o anterior. Tudo aquilo que considerávamos garantido parecia perdido. Apenas desejávamos ter nossos problemas de primeiro mundo de volta.

Enfrentamos algo nunca imaginado por nenhum de nós: a falta de papel higiênico em todo o país. Lojas tinham medo de serem acusadas de sobrepreço e ainda não estavam interessadas em outras formas de racionamento, portanto, eles voaram das prateleiras. Durante semanas, as pessoas começaram a economizar de maneiras extremas. O *New York Times* se dignou a nos dizer que não deveríamos usar papel higiênico de qualquer maneira[67]. Depois, o desinfetante para as mãos se foi. E os lenços Clorox. Outros produtos selecionados desapareceram aleatoriamente: arroz, massas, sopas enlatadas, frango (fácil de

---

[67] MURPHY, Kate. "Stop Using Toilet Paper". *The New York Times*, 3 de abril de 2020.

congelar), papel toalha e assim por diante. Você nunca sabia o que a loja teria de um dia para o outro. Havia rumores de falta de comida e a acumulação estava acontecendo por toda parte.

Lidamos com ordens de ficar em casa, impensáveis e universais. Mesmo com crescente evidência de que os hospitais não estavam com um problema de capacidade, que o perigo verdadeiro do vírus estava fortemente relacionado a um grupo social. Nunca ficava claro se o vírus era comumente transmitido de maneira assintomática. Então, a legião de desempregados cresceu para quarenta milhões e negócios por todo o país fecharam permanentemente. A reação, como previ em 24 de abril de 2020, seria rejeitar definitivamente o distanciamento social.

Eu não esperava, contudo, a forma que assumiria: não somente apertos de mãos e convivência, mas uma explosão de protestos globais nas ruas contra o Estado policial. Foi uma reação feroz, e aconteceu por todo o mundo. A mídia tinha que aprovar, ainda que fosse somente para reforçar uma narrativa prioritária a respeito de raça. De repente, todas as demandas para ficarmos em casa para salvar vidas, tornaram-se celebrações de protestos de rua por justiça e igualdade. Era realmente difícil acreditar. A hipocrisia gritava tão alto que era impossível ignorar.

Então, você tem o estranho caso de Wisconsin, que desceu ao totalitarismo antes da ordem do tribunal, em 12 de maio de 2020, revogando cada parte dos decretos de *lockdown*. Elas foram abandonadas em questão de horas e as pessoas lotaram os bares. Olhando para os resultados, alguns economistas escrevendo para o National Bureau of Economic Research (NBER) descobriram: nenhum crescimento nas infecções ou mortes[68]. As implicações são profundas, mas muitos de nós passamos a suspeitar que toda a destruição dos últimos meses tinha sido inútil.

O mesmo aconteceu com os protestos: em seguida à aproximação social em massa em Minnesota, as infecções no estado continuaram a cair[69]. Foi

---

[68] DAVE, Dhaval M., FRIEDSON, Andrew I., MATSUZAWA, Kyataro, MCNICHOLS, Drew e SABIA, Joseph J.. "Did the Wisconsin Supreme Court Restart a COVID-19 Epidemic? Evidence from a Natural Experiment". *NBER Working Paper*, no. 27322.

[69] FINK, Jenni. "Two Weeks after Protests over George Floyd's Death Began, New Coronavirus Cases in Minnesota Continue to Drop". *Newsweek*, 10 de junho de 2020.

Capítulo 5 | *O dia em que os problemas do primeiro mundo se tornaram reais*

como se o estado tivesse levado a frase "imunidade de rebanho" ao pé da letra.

Eu apenas adicionaria isso: nossos problemas de primeiro mundo deixaram de ser piada. Aprendemos que governos podem, e irão, destruir nossa prosperidade e direitos, sob o menor dos pretextos. Não podemos mais conceber nossa liberdade e oportunidades como garantidas. Devemos trabalhar implacavelmente para voltar ao que tínhamos e nos assegurarmos de fazer um *lockdown* com nossos governos, de maneira a nada disso acontecer novamente.

CAPÍTULO 6

Procedimentos médicos adiados: histórias da linha de frente

Senti um pouco de frio em meu molar direito. Meu molar esquerdo já estava tapado após um tratamento de canal. Então, perguntei-me se o mesmo estava acontecendo do outro lado. Liguei para alguns dentistas locais. Nenhum deles estava operando, a não ser para emergências, e a minha não se enquadrava como uma. Eles disseram que voltariam a abrir em algumas semanas, mas somente para pacientes fixos. Eu não estava entre eles. Sem problemas, pensei. Visitarei minha mãe em outro estado e irei a um dentista por lá. Sem sorte. Havia uma quarentena obrigatória de duas semanas para quem viesse de outro estado. Eu não podia ficar por lá esperando durante duas semanas. Além disso, quando um desses dentes começa a piorar, se me lembro bem, você experimenta uma dor grave dentro de poucos dias. Eu poderia pedir à minha mãe para mentir por mim, mas isso não é legal.

Felizmente, foi um alarme falso e meu dente estava bem. Ainda assim, foi assustador. Imagine viver em um mundo em que trabalho essencial de odontologia é proibido por governos durante seis meses. É como viver no século XVIII, ou no século XII. Inacreditável.

Não se trata apenas de dentistas. Através de ordens executivas por todo o país, todos os procedimentos médicos não essenciais foram terminados para preservar a capacidade dos hospitais por todo o país. Era parte do plano de pandemia, *você não sabia?* Também era o motivo para "achatar a curva" e "distanciamento social". Hospitais não têm escalabilidade, *você não sabia?* Os planejadores sabem o que é melhor.

Capítulo 6 | *Procedimentos médicos adiados: histórias da linha de frente*

Então, algo estranho aconteceu. Por todo o país, hospitais se esvaziaram, esperando e esperando por uma enxurrada de pacientes com Covid-19, mas poucos chegaram. Somente em partes de Nova York os recursos se tornaram temporariamente escassos. Em outras partes do país, os hospitais pararam quase completamente de trabalhar. Depois, a crise financeira chegou. Até agora, duzentos e sessenta e seis hospitais colocaram seus funcionários de licença[70]. Então, você tem o enorme problema de tratamentos atrasados, *check-ups* adiados, diagnósticos ignorados — todas as coisas para as quais usamos o sistema médico de maneira normal.

Os resultados são explicados em detalhe por Zaria Gorvett[71]:

> Ao redor do mundo, pacientes relataram terem sido negados para tratamento de câncer, diálise para os rins e cirurgias urgentes de transplante, às vezes, com resultados fatais[72]. Nos Balcãs, mulheres têm sido levadas a experimentar abortos perigosos, experimentais, nelas mesmas, enquanto especialistas no Reino Unido têm anunciado um crescimento em odontologia caseira, à medida em que as pessoas recorrem a embaraçosas improvisações envolvendo goma de mascar, cortadores de fio e supercola[73]. Acumulação por pânico da droga hidroxicloroquina tem levado à escassez[74].
>
> Assim como em todas as crises, a atual pandemia parece destinada a atingir os países mais pobres com mais força. Cientistas têm nos alertado que, em alguns

---

[70] PAAVOLA, Alia. "266 Hospitals Furloughing Workers in Response to COVID-19". *Becker's Hospital Review*, 7 de abril de 2020.

[71] GORVETT, Zaria. "Why Most Covid-19 Deaths Won't be from the Virus". *BBC*, 28 de maio de 2020.

[72] *The Lancet Oncology*. "COVID-19: Global Consequences for Oncology." *The Lancet*, 21(4): p. 467; GHOSH, Somrita. "Dialysis Patient Denied Treatment in Delhi, Dies". *The New Indian Express*, 16 de abril de 2020; HIXENBAUGH, Mike. "'A Death Sentence': Critically Ill Patients Denied Transplants amid Coronavirus Outbreak". *NBC News*, 18 de março de 2020.

[73] SINORUKA, Fjori, CURIC, Ana e VISSER, Francesca. "Balkans Women Face Closed Clinics and Unsafe Abortions under COVID-19". *OpenDemocracy*, 6 de maio de 2020; MINTZ, Luke. "Chewing Gum, Wire-Cutters, and Superglue: The Alarming Rise of DIY Dentistry under Coronavirus". *The Telegraph*, 18 de maio de 2020.

[74] CALLAHAN, Mary. "Drug for Autoimmune Disorders in Short Supply Because of Diversion to COVID-19 Cases, Where It's Unproven to Help". *The Press Democrat*, 10 de abril de 2020.

lugares, a interrupção no controle de doenças como Aids, tuberculose e malária poderia levar a perdas, na mesma escala daquelas causadas diretamente pelo vírus[75]. Similarmente, especialistas temem que mortes por doenças como cólera podem exceder em muito aquelas causadas pela própria Covid-19[76].

Vacinações são uma preocupação em particular. A Organização Mundial de Saúde calculou que, pelo menos, oitenta milhões de crianças, com menos de um ano, agora estão sob risco de difteria, pólio e sarampo, depois da pandemia ter causado a suspensão de programas em pelo menos sessenta e oito países[77]. Espera-se o retorno da pólio, apesar de um esforço de múltiplos bilhões de dólares de décadas, significando que ela estava tentadoramente próxima de se juntar ao clube exclusivo de vírus extintos no mundo, cujo único membro atual é a varíola[78].

As tragédias aqui são incontáveis e deveriam ser esperadas. Se você impõe o plano de um governador à experiência de administração hospitalar, e o faz sob ameaça de coerção em nome da saúde pública, você provavelmente verá o oposto acontecer. Então, pedi a meu *feed* de *Twitter* por alguns exemplos. Muitos eu não posso compartilhar, devido a preocupações com privacidade, mas aqui estão alguns:

> Pouco antes do *lockdown* tive dores abdominais e dias de constipação. (Queria que meu problema fosse mais glamoroso). Vi o *lockdown* se aproximando, então, fui ao atendimento de emergência (11 de março de 2020). Diagnosticado com diverticulite, recebi antibióticos para a infecção abdominal, e fui encami-

---

[75] HOGAN, Alexandra B., JEWELL, Britta, SHERRARD-SMITH, Ellie, VESGA, Juan, WATSON, Oliver J., *et al.* "Report 19: The Potential Impact of the COVID-19 Epidemic on HIV, TB and Malaria in Low and Middle-Income Countries". *Imperial College COVID-19 Response Team.*
[76] HOFFMAN, Jan. "Polio and Measles Could Surge After Disruption of Vaccine Programs". *The New York Times*, 22 de maio de 2020.
[77] WHO. "At Least 80 Million Children under One at Risk of Diseases such as Diphtheria, Measles and Polio as COVID-19 Disrupts Routine Vaccination Efforts, Warn Gavi, WHO and UNICEF". *World Health Organization (WHO)*, 22 de maio de 2020.
[78] LAHARIYA, Chandrakant. "Global eradication of polio: the case for 'finishing the job'". *Bulletin of the World Health Organization*, 2007, 85(6): p. 421-500; WHO. "Does polio still exist? Is it curable?" *World Health Organization*, 20 de janeiro de 2020.

Capítulo 6 | *Procedimentos médicos adiados: histórias da linha de frente*

nhado a um gastroenterologista para uma colonoscopia. Continuei tentando marcar uma consulta para a colonoscopia, e eles me diziam para tentar marcar novamente no começo de junho. Enquanto isso, tentei fazer meu corpo manter as coisas em movimento, tomando laxantes ocasionalmente. Passei cem horas sem ir ao banheiro.

Acredito estar trazendo meu corpo de volta a uma boa rotina. Ainda consigo trabalhar e jogar golfe de disco a maior parte do tempo. Então, não é debilitante durante 95% do tempo. Perdi sete quilos (achatando a minha curva). Imagino problemas muito mais sérios acontecendo com outras pessoas.

* * * * *

Fraturei minha clavícula em um acidente de bicicleta, em maio de 2018. Estando no Canadá, tive que esperar vários dias dolorosos antes que uma cirurgia fosse marcada para fixar uma placa de metal no osso quebrado. Disseram-me ser possível remover a placa depois de aproximadamente seis meses, quando o osso teria cicatrizado. O desconforto da fricção da placa sob a pele e da tensão de nove parafusos no pequeno osso, facilitou a decisão de solicitar cirurgia para retirada da placa.

Meu cirurgião acrescentou meu nome à lista de espera em janeiro de 2019. Na época, ele disse que a espera média era de cerca de cinco meses.

Após seis meses, telefonei ao hospital, e me disseram que eu ainda estava na lista de espera, mas eles estavam remarcando pessoas que estavam nela há mais de um ano. Finalmente, fui contatado em março de 2020 (!), com a data de cirurgia para duas semanas depois. No dia anterior a operação, eles ligaram para perguntar se eu tinha estado fora do país, ou em contato com alguém que tivesse estado durante as duas semanas anteriores. A resposta foi "sim". Logo, eles cancelaram a cirurgia, dizendo que ligariam de volta. Ainda estou esperando.

* * * * *

Tenho dor ciática extrema. Após meses, meu médico determinou que preciso de um bloqueio de nervo no sacro. Esta é uma injeção que, literalmente, pode ser aplicada em menos de dez minutos, mas precisei esperar mais de oito semanas com uma dor terrível enquanto eles esperam para me atender depois do acúmulo de cirurgias eletivas. Eles se recusam a me dar opiáceos.

*****

Não é história pessoal minha, mas vem das pessoas que cuidam do gramado, uma equipe composta por marido e mulher. O dente do siso dela estava empurrando muito para cima, começando a incomodar. Tinha uma consulta marcada para removê-lo. Então vem a Covid-19 e todos os tratamentos médicos não essenciais, incluindo extrações de dentes, são cancelados por decreto executivo. (Estamos no Michigan, então foi Gretchen Whitmer, nossa governadora, que emitiu esta ordem). De qualquer forma, o dente continuava incomodando. Em pouco tempo, formou-se um abscesso, que ficou séptico e vazou para a corrente sanguínea. Os antibióticos orais não pareciam cortá-lo e ela terminou na UTI do hospital por dezessete dias, com antibióticos por via intravenosa. Acabo de falar com seu marido essa manhã. Ela agora está em casa, embora ainda esteja muito fraca. De acordo com ele, o hospital considerou que ela estava a cerca de dez horas de morrer, antes de descobrirem a combinação de antibióticos que pareceu funcionar.
Também anedótico, nossos vizinhos têm dois médicos na família. Um deles, pediatra, disse-me na semana passada estar basicamente entediado, pois não tinha nada para fazer, depois do cancelamento de todas as consultas não essenciais. Outro, residente de pronto-socorro, disse-nos: comenta-se no sistema hospitalar da Universidade de Michigan que estão prestes a perder cerca de um bilhão de dólares no primeiro trimestre de 2020.

*****

Capítulo 6 | *Procedimentos médicos adiados: histórias da linha de frente*

Tive uma cirurgia de menisco do joelho atrasada por causa do vírus, assim como um tratamento subsequente para meu joelho recém-operado.

Isso é somente uma pequena amostra. Uma pesquisa informal dos meus amigos mostra que quase todo mundo enfrentou algum tipo de atraso, ou negligência, pois o sistema médico projetado para lidar com esses problemas foi vitimado pelas paralisações.

Deus o ajude caso tenha um derrame durante esses meses.

Nova pesquisa publicada em 28 de maio de 2020, no *Journal of NeuroInterventional Surgery* (JNIS) mostra pacientes com AVC isquêmico, chegando aos hospitais e centros de tratamento com, em média, cento e sessenta minutos de atraso, durante a pandemia de Covid-19, em comparação com um período de tempo semelhante em 2019. Esses atrasos, dizem cirurgiões cerebrais da Sociedade de Cirurgia Neuro-interventiva (SNIS), estão impactando tanto a sobrevivência quanto a recuperação[79].

Então, havia outro problema: o medo dos hospitais em si.

O hospital era um lugar sinistro, angustiante e assustador para os pacientes, antes mesmo da Covid", disse a Dra. Lisa VanWagner, uma hepatologista de transplante no Northwestern Medicine em Chicago. "Agora, pegue uma situação estressante como uma pandemia, e diga às pessoas que elas não podem ter seu sistema de suporte normal enquanto estão no hospital, isso realmente aumenta esses medos[80].

A questão dos cuidados médicos atrasados, assim como incontáveis outras, nunca foi mencionada nos planos glorificados, montados pelos profissionais de saúde pública nos últimos quatorze anos. Eles também deixaram de

---

[79] NEWS MEDICAL. "Research Finds Delayed Treatment for Ischemic Stroke Patients During COVID-19 Pandemic". *News Medical Life Sciences*, 28 de maio de 2020.
[80] HAFNER, Katie. "Fear of Covid-19 Leads Other Patients to Decline Critical Treatment". *The New York Times*, 25 de maio de 2020.

levar em conta outras consequências importantes, como o custo psicológico de ser tratado como animal, ou tumultos nas ruas.

A história do planejamento central está repleta de falhas. A lição se aplica a todas as áreas da vida, não excluindo questões de saúde pública[81]. Pode-se pensar que aprenderíamos com o passado em vez de continuar conduzindo esses experimentos com a vida das pessoas.

---

[81] HART, David. "Pandemic Policy in One Page". *American Institute for Economic Research*, 29 de maio de 2020.

CAPÍTULO 7

Dados sobre suicídio durante o *lockdown* revelam tragédia previsível

Em 28 de março de 2020, o Instituto Americano para Pesquisa Econômica publicou um artigo aterrorizante, que não recebeu a atenção merecida, muito embora a pesquisa por trás dele fosse impecável e detalhada. Era "Drogas, Suicídio e Crime: Estimativas Empíricas do Custo Humano do Fechamento"[82]. Sobre suicídio em particular, o artigo dizia o seguinte:

> Seja efeito direto do desemprego, ou da pobreza potencial produzida pela paralisação econômica que leva a mais suicídios, um aumento nos quarenta e oito mil trezentos e quarenta e quatro suicídios e nas um milhão e quatrocentas mil tentativas de suicídio nos EUA, em 2018, deveria fazer os tomadores de decisão pararem para pensar sobre sua resposta a essa pandemia[83].

Esse artigo me despertou um pavor. O aviso foi emitido, mas ignorado. Certamente, agora lemos que "médicos da Califórnia dizem ter visto mais mortes por suicídio do que por coronavírus desde os *lockdowns*"[84].

---

[82] REDFORD, Audrey e DUNCAN, Thomas K. "Drugs, Suicide, and Crime: Empirical Estimates of the Human Toll of the Shutdown". *American Institute for Economic Research*, 28 de março de 2020.
[83] AFSP. "Suicide statistics". *American Foundation for Suicide Prevention (AFSP)*, março de 2020.
[84] MILLER, Andrew Mark. "California doctors say they've seen more deaths from suicide than coronavirus since lockdowns". *Washington Examiner*, 21 de maio de 2020.

"Os números não têm precedentes", dr. Mike deBoisblanc do Centro Médico John Muir, em Walnut Creek, Califórnia, disse a *ABC 7 News*, a respeito do aumento nas mortes por suicídios. Acrescentou já ter visto "o equivalente a um ano de suicídios" somente nas últimas quatro semanas[85].

DeBoisblanc acredita estar na hora dos representantes da Califórnia acabarem com as ordens para as pessoas ficarem em casa, deixando-as voltarem às suas comunidades.

"Pessoalmente, acho que está na hora", disse ele. "Acredito que, originalmente, isso tenha sido colocado em prática para achatar a curva e assegurar que os hospitais tivessem os recursos para cuidar de pacientes com Covid-19. Atualmente, temos os recursos para fazer isso, e as outras questões de saúde de nossa comunidade estão sofrendo".

Kacey Hansen, enfermeira de núcleo de trauma no Centro Médico John Muir por mais de trinta anos, diz não estar preocupada somente com o aumento de tentativas de suicídio, mas também com a habilidade do hospital de salvar tantos pacientes quanto o habitual.

"O que vi recentemente, nunca havia visto antes", disse Hansen. "Eu nunca tinha visto tantos ferimentos intencionais".

Ao final de março, mais pessoas haviam morrido por suicídio em apenas um condado do Tennessee, do que pelo vírus em todo o estado[86]. Dados do Arizona indicam uma tendência similar[87]. Imagino que você conheça muitas pessoas que admitiram, reservadamente, terem entrado em estado depressivo durante esses tempos. Desemprego e ter sua conta bancária esvaziada podem causar isso.

Isso não diz respeito somente a dinheiro. Mesmo se a provisão material estiver presente, a perda repentina de liberdade e controle da vida é desmoralizante e debilitante. Sempre tomamos por certo, nos EUA, que estamos no controle de nossos próprios futuros. Então, um dia, sem aviso, sem consulta dos

---

[85] HOLLYFIELD, Amy. "Suicides on the Rise amid Stay-at-Home Order, Bay Area Medical Professionals Say". *ABC 7 News*, 21 de maio de 2020.

[86] MASTRANGELO, Dominick. "Suicides Outpacing Coronavirus Deaths in Tennessee, Data Says". *Washington Examiner*, 29 de março de 2020.

[87] VERNACHIO, Veronika. "Suicide Rates Spike Through COVID-19 Pandemic". *KGUN 9*, 19 de maio de 2020.

Capítulo 7 | *Dados sobre suicídio durante o lockdown revelam tragédia previsível*

eleitores, sem votos da legislatura, tudo se perdeu. Escolas, bares, academias de ginástica, parques e cidades inteiras foram forçadas a fechar por decreto. Tudo em nome do controle do vírus, com pouquíssima consideração sobre os custos ou proteções legais que acreditávamos estarem em vigor para proteger nossa liberdade e propriedade. O *Zoom* se tornou nosso meio de socialização — e um péssimo substituto para o verdadeiro. O propósito da vida se tornou pouco claro. Exatamente o que torna essa manchete do jornal *New York Times* tão absurda: "Estaria a pandemia estimulando o suicídio"[88]?

A Pandemia está Aumentando o Suicídio?

Psiquiatras são confrontados com um experimento natural urgente, e o resultado está longe de ser previsível

A pandemia fez isso? O conteúdo por si só mostra que o medo da doença não tem tanta importância como motivador do suicídio, quando comparado com as dificuldades econômicas. Adicionalmente, existe outro enorme fator: separação social obrigatória é um desastre psicológico.

"É um experimento natural, de certa forma", disse Matthew Nock, professor de psicologia em Harvard. "Existe não apenas um aumento na ansiedade, mas a peça mais importante é o isolamento social". Ele acrescentou, "nós nunca tivemos algo assim — e sabemos que isolamento social está relacionado com o suicídio".

Portanto, sim, isso pode gerar resultados aterrorizantes, mas previsíveis. Novamente, o problema é material, mas, mais profundamente, espiritual. *Lockdowns* esmagam sonhos, impõem uma perda de controle, separam você de seus amigos, cercam as pessoas de policiais prontos para prendê-lo se fizer algo que, há poucos dias, era perfeitamente normal e legal. Apenas não parecia possível que algo assim pudesse acontecer na América. Porém, aconteceu.

---

[88] CAREY, Benedict. "Is the Pandemic Sparking Suicide?". *The New York Times*, 19 de maio de 2020.

Ao mesmo tempo, estamos profundamente cientes de que muitas pessoas têm participado com entusiasmo da cultura do *lockdown*. Dadas as escassas evidências científicas e médicas de que salvam vidas, de estarem realmente alcançando seu objetivo, como podemos explicar as muitas pessoas que não entraram em estado depressivo, mas encontraram um novo propósito em meio a isso[89]?

Trago à sua atenção um clássico negligenciado: *War Is a Force that Gives Us Meaning*, de Chris Hedges[90]. Hedges era um correspondente estrangeiro para o jornal *The New York Times*, e viajou o mundo cobrindo zonas de guerra na América Latina, Sudão e outras áreas de conflito. Ele começou a perceber um padrão na guerra moderna. Ela não abalava apenas os soldados na linha de frente. Ela sacudia sociedades inteiras e corrompia a todos. Todos na sociedade eram arrastados para ela, muitos dos quais ao lado do Estado e acreditando estarem em uma missão escatológica de combate ao mal. Elas se viravam contra os dissidentes e aqueles não suficientemente entusiasmados.

"A marcha comunal contra um inimigo gera um vínculo caloroso, pouco familiar, com nossos vizinhos, nossa comunidade, nossa nação, eliminando inquietantes correntes ocultas de alienação e deslocamento", escreve ele. Ele conclui que, em sociedades onde a vida normal e a paz pareciam não ter significado para as pessoas, a guerra lhes dá esse significado e propósito.

Este livro continua voltando à minha cabeça, quando as pessoas perguntam como esses *lockdowns* parecem ter desfrutado de algum tipo de apoio público, pelo menos durante o primeiro mês. Difícil responder, pois seres humanos, normalmente, não gostam de serem tratados como animais, empurrados por cassetetes e levando *sprays* de pimenta quando resistem. Por outro lado, violência, choque e espanto podem ser temporariamente satisfatórios e significativos para pessoas que, de outra forma, perderam seu propósito de vida.

Esses dias em que tenho escrito [este livro] são muito bons em comparação com os últimos seis meses. As pessoas estão voltando à razão e as coisas estão se abrindo. Muitas pessoas me disseram algo sobre estarem "tão cansadas

---

[89] TUCKER, Jeffrey A. "Did the Lockdown Save Lives?". *American Institute for Economic Research*, 19 de maio de 2020.
[90] HEDGES, Chris. *War Is a Force that Gives Us Meaning*. Public Affairs, 2002.

Capítulo 7 | *Dados sobre suicídio durante o lockdown revelam tragédia previsível*

disso". Bom. Também estou recebendo menos ligações de amigos desanimados. Talvez, o pior já tenha passado.

Entretanto, esses dados continuarão chegando por muitos meses e anos: suicídios, *overdoses*, violência doméstica e todos os tipos de patologia social. Era previsto e previsível. Tragicamente, muitos negócios capazes de ajudar no trabalho de recuperação de saúde mental, foram fechados devido ao *lockdown*[91]. Durante anos, ficaremos com a questão do porquê. É cedo demais para respostas definitivas, mas a pergunta nos assombrará pelo resto de nossas vidas.

---

[91] DOBROWOLSKI, Tony. "Kripalu to Lay off 450, Shut down until 2021". *The Berkshire Eagle*, 21 de maio de 2020.

CAPÍTULO 8

"Perdi a fé na humanidade": o custo psicológico do *lockdown*

Até agora, vivemos nossas vidas presumindo determos o direito inalienável à escolha. Somos autogovernados, os principais mestres de nossos domínios. Nossas vidas são o que fazemos delas. Podemos melhorar, agir e ver resultados. Construímos nossos futuros. Podemos viajar, poupar ou gastar, trabalhar aqui ou ali, ser essa pessoa ou aquela, mudar, amar, praticar religião ou não, vestirmo-nos melhor ou pior, beber álcool ou não, ter filhos ou não e cuidar deles do jeito que acharmos melhor e, geralmente, estarmos no controle de nossas vidas, dentro dos limites da lei.

Tudo isso para dizer que presumimos ser, basicamente, livres. Tínhamos propósito, direção e futuro. No curso de meros três dias, em março de 2020, muito disso nos foi tirado. Agentes do Poder Executivo assumiram o controle, sem autorização dos legisladores, nem do povo. Eles zombaram de todos os *slogans* da história norte-americana: o governo do povo e para o povo, terra dos livres e lar dos corajosos, doce terra da liberdade, e assim por diante.

A mídia gritou novos *slogans* para nós sobre distanciamento, achatamento, abrigo. Então, quase tudo que pensávamos ser a substância da boa vida começou a fechar. Fomos trancados em nossas casas, separados à força de nossos amigos e familiares, até mesmo de nossa fé. Mataram a sociedade comercial. Mataram a escolha. Mataram a liberdade.

Tudo aquilo que supúnhamos ser verdade sobre nossas vidas foi pisoteado, reforçado por novos Estados policiais que surgiram ao nosso redor, enquanto a mídia pedia por controles ainda mais rígidos. O presidente dos EUA, Donald Trump, naufragava em intermináveis conferências de imprensa e políticas em constante mudança, à medida que o Congresso norte-americano jogava fora trilhões de dólares de impostos. Praticamente, de um dia para o outro, fomos reduzidos pelos estados a animais abrigados, com o único privilégio de ir ao mercado para buscar nossa próxima refeição e comer em casa, enquanto nossa liberdade e propriedade eram massacradas por governantes.

Em 28 de março de 2020, o Instituto Americano de Pesquisa Econômica (AIER) avisava sobre a proximidade de uma onda de *overdoses*, casos de abuso doméstico e suicídios, baseado em literatura empírica existente sobre desemprego e crise financeira repentinos[92]. Contudo, esse é apenas o resultado mais visível. Também existe uma maneira menos óbvia em que os fechamentos corroem nossos corações, espíritos e almas.

Desde então, tenho sentido uma crise existencial comparável apenas ao tempo em que fui preso por não pagar uma multa por excesso de velocidade e me encontrei na estranha posição de depender de favores de pessoas, que não se importavam em nada comigo, enquanto era mantido longe de todos que amava. Essa experiência me transformou para sempre de tal maneira a nunca mais acreditar que minha liberdade estivesse garantida. Toda a América passou por isso recentemente, não somente por um dia, mas por horríveis seis semanas, durante as quais nossa liberdade e direitos como seres humanos foram tirados.

Eu havia lido a observação de Friedrich Hayek (1899-1992), que o custo mais terrível do estatismo do tempo de guerra era psicológico, "uma alteração no caráter do povo". Ele descreve a sensação de ser tratado como engrenagem em uma máquina e como aquilo nos faz sentir completamente desumanizados. Notei isso acontecendo com amigos meus que, nesses terríveis encontros via *Zoom*, começavam subitamente a chorar de desespero.

Então, pedi às pessoas do meu *feed* de *Twitter* para contarem suas histórias. Minha caixa de mensagens, de repente, foi inundada por tristeza desesperada, raiva, choque e horror. Posso apenas compartilhar algumas com vocês aqui. Mudei quaisquer detalhes que pudessem violar seus direitos à privacidade.

---

[92] REDFORD, Audrey e DUNCAN, Thomas K. "Drugs, Suicide, and Crime: Empirical Estimates of the Human Toll of the Shutdown". *American Institute for Economic Research*, 28 de março de 2020.

Tenho lutado contra a depressão por muito tempo. Setembro último, tive uma *overdose* intencional de diversos remédios controlados. Fiquei em coma durante três dias. Inicialmente, meus pais haviam sido informados de que eu não sobreviveria, mas, depois de alguns dias, ainda estava lá. Os médicos, então, acreditavam que eu teria danos cerebrais graves. Quando finalmente acordei, não conseguia lembrar meu nome, idade ou data de aniversário. Não conseguia caminhar ou falar frases completas. Pela graça de Deus, recebi alta no sexto dia, com minhas faculdades mentais restauradas, mas com algumas limitações físicas. Passei um tempo com a família e amigos e em terapia, construindo meu sistema de apoio, criando um estilo de vida saudável, de habilidades de enfrentamento e aprendendo como evitar ficar tão isolado e sem esperança.

Com o *lockdown*, parece que cada passo de meu progresso, assim como cada fonte saudável de apoio, foram arrancados de mim por decreto governamental. Igreja, socialização, terapia/grupos de apoio, até mesmo os ambientes ao ar livre, não estavam mais à minha disposição para me ajudarem nesse período em que mais precisava deles. Toda a minha família mora fora do estado e eu não posso ir até ninguém devido ao *lockdown* em vários estados. Estou isolado, sem forças e desesperado, uma receita perigosa para mim.

Estou fazendo o que preciso para sobreviver. Contudo, é uma batalha morro acima contra a aparente natureza interminável dos *lockdowns*, a profunda perda de controle sobre minha vida cotidiana e a enlouquecedora percepção de que minha liberdade não está apenas sujeita a déspotas locais, mas também aos caprichos do público que comemora a tirania e grita contra qualquer sugestão de liberdade. Em meus momentos mais sombrios, rezo para saber porque sobrevivi. É apenas para ver esse pesadelo contínuo se tornar minha realidade? Minha fé traz algum conforto, mas luto contra o desespero e a raiva todos os dias.

Com sorte, o público logo perceberá que a ação governamental fez mais vítimas do que o necessário e em uma situação já assustadora.

* * * * *

Capítulo 8 | *"Perdi a fé na humanidade": o custo psicológico do lockdown*

Fiquei novamente deprimido ao atravessar o centro de minha pequena cidade ao sul. Normalmente, ele estaria lotado de gente caminhando entre os bares e restaurantes, ou sentada ao ar livre, experimentando cerveja e comida, enquanto escutavam uma banda gratuitamente no "The Alley", desfrutando um dia de fresca brisa primaveril. Ao invés disso, estava vazio, como tem estado durante quase dois meses. Os pensamentos que mais atormentam minha mente são: como podemos jogar tudo fora tão facilmente? Ninguém leu *As Vinhas da Ira*, de John Steinbeck (1902-1968), na escola? Ninguém jurou fidelidade à bandeira diariamente? Ninguém conhece a história do século XX e entende o quanto a liberdade é preciosa? As pessoas não têm nenhum respeito pelo sangue e recursos gastos para garantir a liberdade para nós e para outros países?

Estamos, literalmente, destruindo tudo o que a humanidade construiu. Todos me dizem que "a economia irá se recuperar rapidamente", mas eles não leram Hayek, Sowell, Mises (1881-1973) ou Tucker. Obviamente, não funciona dessa maneira. Talvez seja porque dirigi um caminhão durante vinte anos e vi, em primeira mão, as grandes fábricas e armazéns ao redor dos EUA e Canadá. Rapidamente, aprendi a valorizar a logística e percebi como todo o mundo está conectado e o quanto tudo é frágil. A maior parte das pessoas nunca vê isso, a não ser que haja um atraso temporário, devido a um furacão ou tempestade de neve.

Sinto falta de ir à academia de ginástica. Muito embora eu não esteja bebendo atualmente, sinto falta de ir ao bar e jogar sinuca com meu irmão e os poucos amigos que tenho. Sinto falta das peças em nosso teatro comunitário. Quem sabe quando nossa sinfônica local tocará novamente em nossa pequena filial da universidade estadual?

Enquanto leio outro artigo hoje a respeito da iminente falta de carne, fui atingido novamente pelo pensamento de que as pessoas realmente não entendem o que está por vir. Elas nunca entenderam como suas compras aparecem magicamente nas prateleiras e eu não entendo como nós podemos, simplesmente, jogar tudo aquilo fora. Ayn Rand (1905-1982) e George Orwell (1903-1950) nos avisaram, mas não escutamos.

*****

Tenho estado muito preocupado, triste e até irritado nas últimas semanas com a repentina perda de liberdade. Estou ainda mais preocupado, pois parece que muitas pessoas (dos lados conservador e progressista) não se importam. Amo os EUA. Eu os amo porque fomos a primeira nação na história do mundo a tornar todas as pessoas livres. Podemos seguir as carreiras que quisermos, viajar, comer o que quisermos, dizer o que quisermos e nos encontrarmos em qualquer lugar, a qualquer hora. Podemos cultuar como quisermos, vestir-nos como quisermos, e viver onde e como quisermos. Essa é a razão dos EUA serem tão maravilhosos. Isso é inédito em muitos países e durante a maior parte da história humana.

Fiquei tão triste e desapontado que um único vírus corroeu nossas liberdades, da noite para o dia, basicamente. Isso não apenas está errado e é antiamericano, também é inconstitucional. Temo pelo futuro dos Estados Unidos da América, mas, ao mesmo tempo, continuo cautelosamente otimista neste ponto. A reação, reclamações, manifestações e gritos por liberdade ficam cada vez mais altos. Temos uma grande mudança na opinião pública, e as pessoas simplesmente, retomam suas liberdades. Os negócios abrem, as pessoas saem e os políticos perdem mais poder do que pensaram ser possível. Psicologicamente, é o resultado ideal. Os norte-americanos entram em contato com suas raízes, retomam seu país e voltam a ter o controle sobre o seu próprio destino.

* * * * *

Pela graça do universo, fui poupado de muitas das consequências diretas do *lockdown*, ou do próprio vírus. Não sofri nenhuma mudança deletéria em minha vida, apenas alguns inconvenientes… por enquanto.

Ainda assim, sinto que meu estado psicológico foi fundamentalmente alterado para o bem, ou para o mal. Sempre sofri com sentimentos de isolamento. Eu não penso como outras pessoas, não aceito aquilo que me mandam acreditar e sempre tive dificuldade em me relacionar com as pessoas por causa disso. A aceitação preguiçosa e descuidada pela maioria das medidas draconianas de *lockdown* me distanciou ainda mais, atingindo um grau perturbador. Sinto minha personalidade tipicamente "associal" se tornando antissocial.

Capítulo 8 | *"Perdi a fé na humanidade": o custo psicológico do lockdown*

É como se eu estivesse sendo forçado a abandonar minha empatia, o que é muito difícil quando você se orgulha dela. Porém, se a maioria pensa que devo ser forçado a ficar sentado em casa, apodrecendo, desconsiderando minhas circunstâncias, por que diabos devo me importar com o que acontece com essas pessoas, fora de meu interesse próprio? Embora eu não esteja cedendo às minhas, por vezes cômicas, reações emocionais exageradas, quanto tempo levará até elas consumirem meus pensamentos? Provavelmente nunca, felizmente. Entretanto, meu antagonismo em relação à humanidade cresce a cada dia e isso é assustador.

*****

Não posso confiar em meus vizinhos para lutar pela liberdade, ou ter um debate lógico. Gritaram comigo por ter citado estatísticas. Alguém ainda ameaçou me reportar. Eles fizeram dessa situação um fetiche. Eles se tornaram *minions* petulantes de tiranos mesquinhos. Eles são controlados pelas emoções e não têm senso de raciocínio. As pessoas são inesperadamente crédulas.

Morei no Brasil nos anos 1990, durante sua crise monetária. Eu tenho essa sensação de condenação. Parece que vamos enfrentar uma inflação de 1.000%. Ninguém ao meu redor teme isso. Ninguém está questionando a impressão de dinheiro. Na verdade, exigem mais.

Quando saio para ir à loja de materiais de construção e reforma Menards (Home Depot) ou à mercearia, alto-falantes que costumavam tocar música alta emitem pontos de discussão e frases de efeito. Existem placas por toda parte, dizendo-me para ficar longe de outras pessoas. É como viver em um filme B de terror.

Isso destruiu meu otimismo pela humanidade. Somos realmente controlados por nossos senhores e uma boa parte do público entrará na linha. Terei dificuldade em confiar nas pessoas novamente. Não é esse o mesmo tipo de coisa que deu a Hitler tanto poder? Essas mesmas pessoas chamavam o presidente norte-americano Donald Trump de ditador aos gritos, no entanto, querem que ele faça mais.

Também cometi o erro de encontrar evidências de gente poderosa planejando um evento *como* esse. Essas pessoas não irão nos deixar em paz. Sinto estarem mentindo para nós, se alimentando da gente e nos doutrinando. Eles estão doutrinados.

Sinto-me preso na nau dos insensatos. Meu sentido de humanidade foi completamente destruído.

*****

Embora muitos acreditem em diferentes níveis de liberdade, acredito que muitos de nós considerávamos várias pequenas liberdades como garantidas, coisas encontradas em nossa esfera de influência.

Algo tão "pequeno" quanto ir a um restaurante, ou ao cinema (que, de muitas maneiras, devem ser considerados pequenos milagres, se olharmos para quanto tempo as pessoas eram obrigadas a gastar em trabalho penoso ao longo da história humana), são coisas sob nosso controle íntimo, onde *nos* sentimos sermos responsáveis por como gastamos nosso tempo. Qualquer indício de controle sobre nossas esferas individuais foi arrancado de todos nós da maneira mais brutal.

*****

Algo recorrente em minha cabeça é uma conversa que tive com um dos instrutores de kung fu de nosso filho. Ele disse ter escutado, ou lido (não sei em que lugar), que a grande maioria de nossa comunicação *não é* em forma de palavras, mas em expressões faciais e gestos. Mesmo expressões faciais muito sutis indicam como estamos nos sentindo, no que estamos pensando etc.

Ele havia viajado muito, como fotógrafo, para muitos lugares onde não falava o idioma e contava sobre sua experiência pessoal com isso. Ele havia tido muitas, muitas "conversas" com pessoas, por meio das quais eles se entendiam muito bem, sem falar o mesmo idioma.

Fico pensando a respeito disso enquanto vejo pessoas andando com suas máscaras (felizmente, menos pessoas as estão usando do que semana passada!) e amontoadas em suas casas.

Capítulo 8 | *"Perdi a fé na humanidade": o custo psicológico do lockdown*

* * * * *

Todos a meu redor apenas consentem. Fui expulso de uma grande loja por não usar máscara. Não posso cortar o cabelo. A vida realmente vale a pena ser vivida, se eu estiver recebendo ordens de alguém que nunca conheci e que não dá a mínima para mim?
Tenho mais dinheiro hoje do que jamais tive. E mais tempo livre do que nunca. Nenhuma responsabilidade ou obrigação real. Entretanto, parece tão... vazio. Como se fosse tudo por nada. Extremamente triste.

* * * * *

Sou bipolar, com transtorno de ansiedade generalizado. Os fechamentos aumentaram drasticamente minha ansiedade e me aleijaram com uma depressão tão grande, que eu mal conseguia fazer o esforço de ensinar meus estudantes de ensino médio, mesmo tendo o horário reduzido a quatro horas por dia. Comparativamente falando, estou bem, pois não perdi dinheiro, mesmo trabalhando muito menos. Sem o imenso apoio de minha esposa, não sei se conseguiria passar por isso.

* * * * *

As coisas estão "normais" por aqui, comparado aos relatos de idas ao supermercado de amigos e família em grandes áreas metropolitanas. Alguns colocam máscara e luvas, outros não, mas muitos dos médicos e enfermeiras aqui colocam luvas e máscara todo inverno, de qualquer forma. Os principais setores aqui são médico, químico e de pesquisa científica. Manufatura é o segundo, porém bem menos. Nós nos encaixamos em todos os estereótipos sobre metanfetamina, vício em opioides, pobreza intergeracional e a interseção de tudo isso com nova riqueza.

Meu filho sente, desesperadamente, falta de seus amigos e está muito chateado, pois muitos deles estão sumidos, sem sequer um: "Estamos bem, obrigado!" dos pais. O pobre garoto dorme cada vez mais tarde todos os dias. Preciso acordá-lo agora. Meu parceiro tem passado uma grande quantidade de tempo em casas de repouso, vendo coisas suficientemente desanimadoras sobre as quais não quer falar. Ele volta para casa derrotado e profundamente triste.

Eu estou pirando. Meu trabalho está suspenso indefinidamente, mas, de qualquer maneira, eu precisaria estar em casa para meu filho. Eu gritei duas vezes neste fim de semana. Chorei em privado algumas vezes. Minha alegria é que meus queridos pais aposentados de sessenta e cinco anos se mudaram para uma cidade vizinha para ficarem perto de nós e não dão a mínima para o que está acontecendo. Verdadeiros texugos de mel. Eles cresceram na pobreza e incerteza, viram a guerra. Foram bem, apesar de tudo, e têm a capacidade de enxergar além, mesmo de coisas grandes como essa.

*****

Hospitais em meu estado, como em muitos outros, estão adiando exames e cirurgias por causa da Covid-19. Bem, fui diagnosticado com câncer na bexiga no outono de 2019 e ela foi removida em cirurgia. (Esta é uma condição especialmente rara, pois sou uma mulher não-fumante de trinta e quatro anos).

Eu tinha uma triagem de acompanhamento, que seria adiada por cinco semanas, mas fiz um estardalhaço, e consegui minha consulta original de volta. Havia dois pontos suspeitos que precisarão ser biopsiados e testados. Graças a Deus, nós os encontramos.

Caso as manchas se revelem cancerígenas, outras cinco semanas poderiam ter piorado muito as coisas. Assim sendo, a ansiedade de ter câncer, além de tudo o que está acontecendo no país/economia, causa muitos danos físicos e mentais.

Agora, estou esperando para saber quando poderei fazer a biópsia, quanto tempo os resultados do teste vão demorar e quais serão as próximas etapas. Por causa de como os hospitais responderam à Covid-19, temo não ter acesso

Capítulo 8 | *"Perdi a fé na humanidade": o custo psicológico do lockdown*

a mais tratamentos a tempo — testes, cirurgias, quimioterapia, se necessário. Se o hospital ou sistema de saúde falirem, não sei onde isso me levará.

* * * * *

Meu pai faleceu de câncer estágio quatro em maio último. Minha mãe teve que vender sua casa depois de sua morte, devido a uma porcaria de inventário. Isso deixou minha mãe de oitenta anos morando conosco enquanto construíamos uma casa para ela, mais perto de seus filhos.
Uma vez que os netos foram forçados pela escola a ficar em casa, ela precisou se mudar para uma casa na floresta, a duas horas de distância. Ela está isolada e tem comorbidades. Teve tosse e sua pressão sanguínea está fora de controle. Está com medo de ir ao hospital. A construção de sua casa ficou mais lenta. Eu só posso imaginar que, se meu pai ainda estivesse vivo, seus tratamentos de câncer estariam em espera por causa disso tudo. Sua saúde está se deteriorando e sua ansiedade aumentou.
Temos a sorte de poder pagar por diversas casas. O problema deve ser infinitamente pior para quem não pode. Tive a sorte de ter escutado alguns de meus amigos e comprado um *kit* de emergência, contendo uma caixa de N95s e outros equipamentos médicos para ajudar a ela e a outros médicos próximos a nós.
A liberdade de todos agora é negociável, enquanto existir uma pessoa imunocomprometida na Terra.

* * * * *

O custo mais prejudicial, para mim, foi a confusão total dos limites entre a vida pessoal e profissional. Minha esposa e eu estamos trabalhando em casa há seis semanas. Temos uma criança pequena e um bebê de cinco meses. Temos creche alguns dias por semana, então, ambos podemos trabalhar sem distrações. Porém, nos outros dias, há mais distrações do que eu jamais havia enfrentado.

No meu escritório, posso compartimentalizar, sentar e trabalhar muito. Em seguida, posso ir para casa e dar toda a minha atenção à família e aos assuntos pessoais. Borrar a distinção entre esses limites resultou, acredito, em atenção de qualidade inferior no trabalho e em casa. Esse é um comentário mais sobre os danos aos resultados objetivos do que à psicologia. Porém, subjetivamente falando, a falta de limites claros tem sido horrível. O trabalho invade o lar e o lar invade o trabalho.

*****

Como pai de três crianças pequenas, toda essa experiência tem sido confusa para eles e isolante para nós. Todo o nosso suporte social se foi em um período de cinco dias, desde nosso grupo local de trilha até a igreja aos domingos... Elas não podiam sequer brincar no *playground* por pouco tempo, apenas para gastar alguma energia. Dirigiríamos até uma trilha local, eles veriam o cordão de isolamento nos portões fechados e ficariam muito confusos. Ver aquilo me deixou com raiva. Percebi-me distraído e melancólico. Essa experiência também me deixou muito desapontado na grande experiência norte-americana, o fato de algo assim poder acontecer tão rápido e sem realmente nenhuma reparação.

*****

Nós não "perdemos" nada. Tudo foi *levado* de nós por pessoas que se atribuem essa tarefa. Do ponto de vista psicológico, isso alimentou sua megalomania. Pessoas como meu governador, Andrew Cuomo, passaram a maior parte de suas vidas acreditando terem um chamado para liderar. O mesmo com o prefeito da cidade de Nova York. Essas pessoas acreditam não somente saberem mais, mas que seu *trabalho* seja mostrar isso! Quanto à profunda, psicótica modalidade de megalomania e narcisismo experimentada por nosso "topetudo-chefe" no Salão Oval [o presidente norte-americano Donald Trump], bem, levaria tempo demais para descrever!

Capítulo 8 | *"Perdi a fé na humanidade": o custo psicológico do lockdown*

Somos, com efeito, reféns. Deste ponto de vista, tudo isso mostra a verdade que já estava nos encarando. C**ões — desculpe-me por minha escolha de palavras —, que sabemos serem pouco qualificados até para operar um vaso sanitário, estão em posição para legislar nossas vidas. O neuropsiquiatra austríaco Viktor Frankl (1905-1997) e o imperador romano Marco Aurélio (121-180) podem nos aconselhar que a forma como respondemos a essa situação é mais importante do que o que esses perdedores fazem conosco. Evidentemente, eu concordo. Contudo, um fator adicional torna essa situação ainda mais arriscada. Quando aqueles ao seu redor, as pessoas com quem você realmente compartilha a trincheira, não apenas aquiescem aos desejos desses lunáticos, mas também se tornam participantes de seu sofrimento, isso torna tudo ainda pior. Quando as pessoas estão realmente denunciando seus vizinhos e coisas assim, a programação atingiu novas profundidades. Até mesmo o pensador mais estoico entre nós só pode experimentar o desespero supremo.

*****

Sou uma mulher solteira, sem filhos, chegando ao fim de meus anos férteis (quem quer filhos?). Antes de outubro do ano passado, durante os três últimos anos, aproximadamente, a depressão de meu pai (e sua automedicação com álcool) piorou gradualmente. No final das contas, tive que cortar relações com meus pais (minha mãe facilitava isso ao beber junto com ele). Meu pai foi meu melhor amigo de infância. Exercia as funções de irmão e pai, pois sou filha única. Gradualmente, ele se transformou em um homem consumido por seus sentimentos de penitência (vinha de uma família mórmon hiper-religiosa e havia perdido seu irmão para o alcoolismo e a depressão quando eu era estudante de segundo ano na universidade — algo pelo qual ele se culpava, pensando que poderia tê-lo "salvado"), solidão, falta de propósito e dor física. Ele estava a cada dia mais distante e mais embriagado. Cada vez que eu chegava em casa, raramente conseguíamos ter conversas lineares e significativas.

Ele prenunciou sua própria morte; dizia achar que não conseguiria se aposentar (sessenta e dois anos; três anos após seu prenúncio), e foi demais para ele ficar sentado de braços cruzados. Eu rompi os laços. Vi-o pela última vez em julho do ano passado (ele estava com icterícia e me deu o abraço mais longo e apertado de minha vida — sabia estar doente, tenho certeza), e, em outubro, após uma série de problemas renais, ele teve um infarto do miocárdio devido a fibrilação atrial. Depois, estava no hospital, em coma induzido. O fígado havia falhado, os rins não processavam mais e o dano cerebral era tão grave por causa da anoxia, que ele tinha convulsões constantes, seus olhos amarelados abrindo toda vez. Desligamos os aparelhos no dia seguinte. Ele morreu com minha cabeça em seu peito. Meu melhor amigo havia me deixado.

Fui dispensada do meu emprego e recebi a oferta de um pacote de demissão no dia em que voltei do luto. Aceitei, pois estava fazendo entrevistas. Ofereceram-me uma nova posição para a qual eu deveria me mudar para outro lugar, na Califórnia. Minha mãe foi incapaz de organizar um memorial por se sentir sobrecarregada — meu pai administrava tudo para nossa família, exceto o jardim (coisa de minha mãe), então, ela perguntou se eu organizaria um memorial depois de me mudar e começar um novo emprego, em algum momento durante a primavera.

Então, no início de março, a Califórnia iniciou sua série de fechamentos. Primeiro, na Bay Area, onde o minúsculo apartamento que eu possuía (e estava desesperadamente tentando alugar) foi bloqueado. As pessoas estavam hesitantes em ver o imóvel devido ao fechamento, e muitos candidatos não eram financeiramente sólidos. Esvaziei minha conta bancária nos meses seguintes, pagando o aluguel e a hipoteca da Califórnia, até finalmente conseguir alugá-lo há duas semanas. As determinações do condado onde minha mãe morava e onde eu moro proíbem visitas de família e reuniões de qualquer tamanho. Então, minha mãe enlutada precisava ficar sozinha, em sua vizinhança cheia de gangues, enquanto eu lutava contra a dor da perda de meu pai. Posteriormente, meu pagamento foi reduzido; 20% em toda a minha empresa (ou entrar de licença). Sou grata por ter um emprego, mas mal consigo mantê-lo.

Esgotei minhas economias. Não sobrou nada para congelar meus ovos, nenhum namoro, nenhum grupo de apoio pessoal e nenhum ponto previsível em que seremos capazes de fazer um memorial para meu pai em um futuro próximo. Não sei quando minha situação financeira voltará ao normal, e a cada semana Newsom parece mover as traves. Primeiro, era para "achatar a curva", depois, "abrir os estados do oeste", agora que o Oregon planeja reabrir, é um plano de seis pontos que ignora completamente o trabalho sorológi-

Capítulo 8 | *"Perdi a fé na humanidade": o custo psicológico do lockdown*

co da Universidade do Sul da Califórnia e Stanford e, até mesmo, baluartes liberais como o estado de Nova York.

Sei que essa história não é a mais dramática, mas tem pesado muito em minha mente. Estou cercada de pessoas mais do que dispostas a abrir mão de cada grama de liberdade e meio de vida por causa de uma taxa de mortalidade de 0,1%. Enquanto isso, ignoram os danos colaterais de pessoas como eu, que têm sofrido gravemente com depressão e trauma, e as incontáveis outras sem empregos para os quais retornar.

* * * * *

Isso me faz sentir desesperançado. Não importa o que eu crie na vida, o governo pode simplesmente intervir e tirar tudo. O incentivo para ser grande foi destruído. Por que ser ótimo quando seu sucesso pode simplesmente desaparecer sempre que o governo assim determinar?

* * * * *

Um de meus melhores amigos é *gay* e disse ter visto mais *overdoses* e suicídios em seu círculo dentro da comunidade *gay* nas últimas quatro semanas do que durante os últimos anos.

Concluirei com as palavras imortais: nunca mais. Aguentem firme, meus amigos. Limparemos a carnificina e recuperaremos o que é nosso.

CAPÍTULO 9

Autoritarismo em Auckland

Durante meses, ouvimos o grito: oh, que maravilhosa a maneira como a Nova Zelândia lidou com a Covid-19! Eles fizeram o *lockdown* mais duro do mundo! O coronavírus — sem dúvida espantado com a determinação e ferocidade da primeira-ministra Jacinda Ardern, a heroína de todos os meios de comunicação — simplesmente decidiu não tornar esse lindo país seu lar. O vírus foi vencido pela sagacidade política!

Contudo, isso sempre foi uma fantasia, como a epidemiologista Sunetra Gupta, de Oxford, apontou desde o início[93]. Tudo o que a Nova Zelândia fez foi adiar o inevitável. No mundo moderno, não há chance de uma sociedade desenvolvida replicar a experiência de uma tribo primitiva, com sistema imunológico fraco, ao viver em isolamento. Você não iria querer fazer isso de qualquer maneira, pois tornaria toda a população de sua tribo fatalmente vulnerável ao próximo vírus que apareça. Na visão de Gupta, o "sucesso" da Nova Zelândia não é nada disso.

Ela também acha a abordagem da Nova Zelândia imoral: uma exigência de que o resto do mundo carregue o fardo da imunidade de rebanho, enquanto os kiwis se escondem em suas casas e navegam na *Internet*. De fato, curiosamente, ela considera a política da Nova Zelândia uma violação do contrato social global — a primeira aplicação verdadeiramente persuasiva dessa frase que ouvi.

Mesmo assim, depois de cem dias, o jornal *The New York Times* homenageou o país e a sua líder: "A luta bem-sucedida da Nova Zelândia contra a Co-

---

[93] Para mais, leia o capítulo intitulado "Como o Capitalismo Global Fortaleceu Imunidades".

Capítulo 9 | *Autoritarismo em Auckland*

vid-19 tornou a nação insular do Pacífico, de cinco milhões de habitantes, um dos lugares mais seguros de todo o mundo nesse momento"[94]. As pessoas estavam cuidando de seus negócios, comendo em restaurantes e indo ao cinema, enquanto olhavam com desdém para o resto do mundo por permitir a propagação do vírus, ganhando imunidade coletiva. A Nova Zelândia encontrou outra maneira! Uma forma científica!

Covid-19: Índice de Severidade da Resposta Governamental

Esta é uma medida composta com base em nove indicadores de resposta, incluindo fechamento de escolas e proibições de viagens, redimensionados para um valor de 0 a 100 (100 equivale ao mais severo). Se as políticas variam no nível subnacional, o índice é mostrado como o nível de resposta da sub-região mais severa.

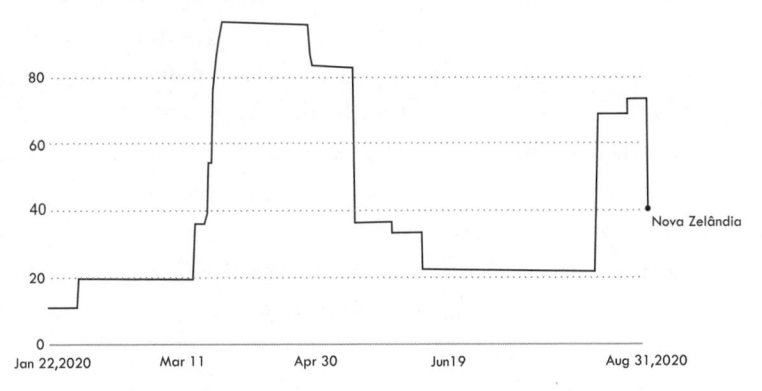

Fonte: Hale, Webster, Petherick, Phillips e Kira (2020). Rastreador de Resposta Governamental à Covid-19, de Oxford — Atualizado em 31 de agosto, 14h31 (Horário de Londres). Nota: Este índice simplesmente registra o número e a rigidez das políticas governamentais e não deve ser interpretado como uma "pontuação" da adequação ou eficácia da resposta de um país.

A próxima eleição, proclamava Ardern, *a Magnífica*, seria uma "eleição da Covid-19". Infelizmente, o vírus não foi totalmente erradicado, afinal. Depois de passar cento e dois dias sem relatar um caso, quatro pessoas em uma família apresentaram resultado positivo para a Covid-19. Sim, são quatro em uma cidade de um milhão e setecentas mil pessoas. Não consegui descobrir

---

[94] MENON, Praveen. "New Zealand Records 100 Days Without Domestic Virus Case but Warns Against Complacency". *Reuters*, 9 de agosto de 2020.

nada sobre se eles apresentavam sintomas, ou se eram graves. De qualquer maneira, se o objetivo é o banimento total do vírus por meio da aplicação agressiva do poder estatal, claramente, algo deve ser feito. Hora do pânico!

Com quatro casos, o que fazer? Bem, certamente, Ardern, *a Grande*, anunciou um *lockdown* total na cidade de Auckland. Todos em casa. Todos os negócios, exceto os essenciais, estão fechados. Locais públicos, incluindo bibliotecas, museus, cinemas, praças de alimentação, academias, piscinas, *playgrounds* e mercados, todos fechariam assim que o *lockdown* começasse. Imediatamente, o anúncio de Ardern causou compras por pânico[95]. Os clientes passaram em disparada pelos seguranças para se abastecerem, em preparação para um longo período de desastre.

Camelot está novamente sob o domínio do Estado policial. Bloqueios de rua[96]. Eleições atrasadas[97]. Após quatro casos! Aguardamos vídeos de policiais imobilizando pessoas no chão, comandos derrubando portas, restrições ao armazenamento de mantimentos, um regime brutal de rastreamento de contatos, multas e prisões por ousar se reunir com amigos e todos os efeitos colaterais concomitantes dos *lockdowns*: *overdoses* de drogas, alcoolismo, depressão e suicídio. Você pode observar o quanto o país fez *lockdown*, depois reabriu, com uma falsa sensação de conforto, somente para fazer outro *lockdown* em seguida. Falando sobre incerteza de regime…

Entretanto, sempre houve um problema. A economia da Nova Zelândia se apoia, direta e indiretamente, no turismo internacional para 10% de seu PIB. O setor emprega cento e oitenta e oito mil pessoas. Teria ele que parar de existir permanentemente, ou talvez sujeitar todos os visitantes a eternos testes e quarentenas? Isso não seria exatamente bom para os negócios. É uma maneira de acabar com um sonho.

Seguro não é a primeira palavra que vem à mente no estado do "espaço seguro", onde policiais são uma ameaça maior ao público que a Covid-19.

---

[95] COOPER, Luke. "Coronavirus: Panic Buying Breaks out in Auckland within Hours of New Zealand Lockdown Announcement". *9 News*, 11 de agosto de 2020.
[96] LAWRENCE, Kirsty, O'DWYER, Ellen e TANTAU, Kelley. "Coronavirus: Checkpoints Catch Aucklanders Fleeing for Coromandel Baches". *Stuff*, 12 de agosto de 2020.
[97] MENON, Praveen. "New Zealand Considers Freight as Possible Source of New Coronavirus Cluster". *Reuters*, 11 de agosto de 2020.

Capítulo 9 | *Autoritarismo em Auckland*

Aqui, chegamos à raiz do problema da teoria do *lockdown*. Inicialmente, nos EUA e Reino Unido, era para achatar a curva e preservar a capacidade dos hospitais. Gradualmente, isso se transformou em uma teoria completamente diferente, a de que os políticos usariam o poder da polícia para suprimir e erradicar um vírus. Pelo que sei — qualquer pessoa pode ler um livro no estilo "Para Leigos" sobre vírus no Kindle — nenhum imunologista verdadeiramente competente diria que a supressão é viável, ou desejável. Entretanto, de uma forma ou de outra, a maioria dos governos do mundo, exceto um punhado, tentou fazer exatamente isso. Houve um tempo em que entendíamos vírus e, de repente, não sabemos mais nada[98]. Foi considerado o maior fracasso do governo na história moderna.

A Nova Zelândia, um país de pessoas sérias, orgulhosas de sua inteligência e bom governo, levou a teoria da erradicação do vírus pela força a um nível nunca visto em nenhum país desenvolvido. Partiu para a barbárie total, lançada por uma política suave e com um sotaque encantador. Tudo estava bem. Agora, a barbárie está de volta. Veja bem, peço desculpas pelo meu tom atrevido aqui. É trágico o que aconteceu a esse país maravilhoso. Foi um prazer visitá-lo por uma semana. Eu, como muitos outros norte-americanos que o visitam, quase cogitei rasgar minha passagem de avião de volta. A Nova Zelândia parece o paraíso.

Infelizmente, graças à liderança política brutal e profundamente incompetente, esse paraíso está perdido para as superstições de fé sobre a Covid-19, as quais o poder, a polícia e uma cobertura de mídia apaixonada assustam um patógeno, fazendo-o ir embora e ficar longe. Pode demorar um mês, seis meses ou até um ano, mas ele está chegando. Nenhuma força vai impedi-lo.

---

[98] Para mais, leia o capítulo intitulado "Seria a Imunidade um Caso do Conhecimento Perdido de Rothbard?"

CAPÍTULO 10

Loucura em Melbourne

Melbourne, aquela gloriosa cidade no estado de Victoria, na Austrália, proporcionou-me alguns dos melhores dias de viagem de minha vida. Foram duas viagens separadas, cada uma delas durando uma semana inteira. Um povo feliz, civilizado, altamente educado está aqui, vivendo em meio a arquitetura moderna, pontes inspiradoras e belezas naturais. Um lugar onde, inclusive, a polícia é gentil. Quando você lhes pede informações, eles respondem com um sorriso. E quando diz obrigado, respondem "Sem problemas".

Agora existem grandes problemas em Melbourne.

A Austrália é o único país do mundo com uma lei impedindo as pessoas a serem malvadas umas com as outras. Hoje, ela acolhe um dos governos mais malvados do mundo. O *premier* impôs um terrível Estado policial, sem precedentes na história desse país. Seu nome é Dan Andrews (um nome doce, mascarando o tirano que ele se tornou), e ele faz *tweets* de ruas vazias para se gabar do que conseguiu em nome da supressão de um vírus[99]. A frase do historiador e senador romano Tácito (56-120) sobre o Império Romano vem à cabeça: "Quando transformam tudo em deserto, chamam de paz".

A catástrofe começou com um *lockdown* de primavera, antes de haver quaisquer casos de Covid-19, muito menos, mortes. O *ethos* na Austrália era de extrema exclusão e supressão do vírus, não tão ruim quanto a Nova Zelândia, porém, bem ruim. O resto do mundo pode contrair a doença, mas a Austrália usaria seu isolamento geográfico e inteligência política para banir o vírus. Ele

---

[99] ANDREWS, Dan *(@DanielAndrewsMP)*. "Thank you". *Twitter*, 4 de agosto de 2020.

Capítulo 10 | *Loucura em Melbourne*

ficará pasmo e saberá que deve ficar longe para sempre. Não é uma boa teoria, porque os vírus não funcionam assim.

Ainda assim, pareceu dar certo, no início. É porque o vírus ainda não havia chegado. Quando o vírus chegou, a futilidade da estratégia de supressão foi revelada. Melbourne havia preparado hotéis de quarentena para as pessoas vindas do exterior, ou retornando de cruzeiros. Elas passariam quatorze dias em isolamento para se purificarem de uma possível infecção. Então, tudo estaria bem. Havia um problema: o astuto vírus escapou[100].

Como resultado, o orgulho de uma nação em ter suprimido o vírus converteu-se em pânico e *lockdown* totais. Fronteiras internas são fechadas. Agora, Melbourne tornou-se um inferno, não por causa do vírus (que ainda é leve), mas pelo desencadeamento de um Estado policial infernal. Várias milhares de pessoas, vivendo em nove torres de moradias públicas, foram colocadas em prisão domiciliar, sem poderem sair por *qualquer* razão, com rações de alimentos entregues pelo exército, levando a níveis terríveis de trauma pessoal[101]. Então, o restante dos cinco milhões de residentes de Melbourne também foi colocado em *lockdown*. Um amigo resumiu para mim a situação em Melbourne:

- A polícia agora pode entrar na casa de qualquer pessoa *sem um mandado*;
- Não se pode visitar qualquer familiar ou amigo;
- Não se pode se deslocar por mais de quatro quilômetros e meio de sua casa[102];
- Toque de recolher às oito da noite;
- Multa de duzentos dólares australianos por não usar máscara (uso obrigatório o tempo todo);
- Multa de AU$1.652 dólares australianos por sair de casa sem "um bom motivo" — valor que aumenta todos os dias[103];
- Somente é permitido se exercitar uma vez ao dia, por até uma hora;

---

[100] THIESSEN, Tamara. "Australia: New Coronavirus Lockdown Melbourne amid Sex, Lies, Quarantine Hotel Scandal". *Forbes*, 7 de julho de 2020.

[101] YUSSUF, Ahmed. "The Aftermath of Melbourne's Housing Tower Lockdown: 'I Don't Know If I'm Ever Going to Be the Same Again'". *SBS The Feed*, 15 de julho de 2020.

[102] HURST, Daniel e TAYLOR, Josh. "Victoria Announces Stage Four Coronavirus Lockdown Restrictions Including Overnight Curfew". *The Guardian*, 2 de Agosto de 2020.

[103] CHRISTMASS, Pip. "Victoria Coronavirus Fines Handed out to 124 People in 24 Hours for Public Health Breaches". *7 News*, 31 de julho de 2020.

- Somente uma pessoa por residência, por dia, pode deixar a casa (incluindo compra de mantimentos);
- Nenhuma reunião de qualquer tamanho;
- Casamentos são ilegais;
- Protestos/ativismo é ilegal — pessoas já foram presas por se reunirem pacificamente;
- Exército nas ruas multando/prendendo pessoas[104];
- Linguagem distópica estilo o livro de George Orwell, *1984*: *outdoors* por toda parte, dizendo "Ficar separados nos mantém juntos"[105] — eles enlouqueceram?;
- "Desde 21 de março, um total de cento e noventa e três mil setecentas e quarenta fiscalizações de surpresa foram conduzidas pela polícia em Victoria";
- Mídia *extremamente* tendenciosa, chama manifestantes de "malucos de teoria da conspiração de direita" e não permitem discussões sobre se esses *lockdowns* estão corretos ou não.

A Austrália não divulga o total de multas aplicadas, mas uma reportagem da rede ABC diz ser mais de AU$5,2 milhões de dólares australianos até agora. As ruas de Melbourne estão vazias, mesmo em uma cidade de mais de cinco milhões de habitantes. As pessoas estão *cheias de ódio* umas com as outras, todos canibalizando seus vizinhos (chamando a polícia para reportar qualquer pequena infração das regras e se voltando umas contra as outras, como em algum inferno socialista). Eles são instigados por Daniel Andrews, premiê de Victoria, que demonstrou total e absoluto desdém por nós, constantemente nos culpando. Ele culpou crianças (sim, mesmo) por não levar isso suficientemente a sério.

Sempre que podem, os políticos nos dizem ser *nossa* culpa a disseminação do vírus (embora seja isso que os vírus fazem — eles se espalham). Não é somente o premiê de Victoria; o primeiro-ministro australiano Scott Morrison é tão

---

[104] GRAHAM, Ben e LOOMES, Phoebe. "Coronavirus Victoria: Anti-mask Protesters Arrested in Melbourne". *The Australian*, 31 de julho de 2020.
[105] QMS MEDIA. "The Victorian Government Dynamically Updates Their Message on Billboards Across Victoria…" *Facebook*, 1 de maio de 2020.

Capítulo 10 | *Loucura em Melbourne*

terrível quanto. Ele tem encorajado tudo isso e foi responsável pelo primeiro *lockdown*. Para completar, existem *outdoors* do lado de fora, na rua, dizendo em letras maiúsculas: "O QUE VOCÊ ESTÁ FAZENDO? FIQUE EM CASA"[106]. Eles parecem extremamente opressivos, como se as pessoas estivessem ouvindo gritos de um governo muito opressor. Tudo isso porque em 31 de agosto de 2020, quinhentas e sessenta e cinco pessoas haviam morrido no estado de Victoria (a população total é de seis milhões trezentas e cinquenta e nove mil), onde quase todos os mortos têm mais de setenta anos, com comorbidades, assim como em qualquer outro lugar do mundo[107].

Esta é a ideologia de *lockdown* em funcionamento. É uma tirania sem limites, às custas de toda dignidade, decência e direitos humanos. Os políticos criam um deserto e o chamam de saúde. Enquanto isso, na Austrália, desde março, houve seis vezes mais mortes por suicídio do que por Covid-19[108]. Como em qualquer outro lugar do planeta, Melbourne terá que alcançar imunidade de rebanho contra a Covid-19 em algum momento. Aqueles que negam isso estão arriscando não apenas a liberdade e a saúde, mas a própria civilização.

Talvez os outros estados da Austrália observem a destruição em Victoria e aprendam a seguir outro caminho quando o vírus chegar pela primeira vez em seu território, o que, certamente, acontecerá. *Lockdowns* não são ciência; são brutalidade. Choro pela, outrora, grande cidade de Melbourne hoje. Que haja justiça. Que sua futura liderança política receba um pouco de decência e sabedoria.

---

[106] EYEWATCH — FRANKSTON POLICE SERVICE AREA. "Stay at home restrictions are now in place for Melbourne and Mitchell Shire...". *Facebook*, 13 de julho de 2020.
[107] GOOGLE. "Victoria Covid Deaths". *Google*, 2020.
[108] PRATT, Rodney e KY, Jenny. "Gus Worland Talks Mental Health During COVID and the Alarming Rate of Suicide in Australia". *The Morning Show*, 6 de agosto de 2020.

PARTE III | A HISTÓRIA

CAPÍTULO 1

O *New York Times* revive seu passado sombrio

A carta de demissão da antiga editora e redatora do jornal *New York Times*, Bari Weiss, foi tão poderosa, que parecia dizer o que tantos leitores, antes leais — eu estive entre eles durante anos, apesar do óbvio viés do jornal —, já sabiam, considerando a maneira como as coisas têm acontecido no último ano[109]. Algo havia dado muito errado no jornal citado. Weiss nomeou isso em uma carta muito satisfatória, escrita com um desejo ardente de dizer a verdade:

> Artigos de opinião que teriam sido facilmente publicados apenas dois anos atrás, agora colocariam um editor ou redator em sérios problemas. Isso, se não forem demitidos. Se um artigo é percebido como susceptível a inspirar uma reação interna, ou nas redes sociais, o editor ou redator evita apresentá-lo. Se ele se sentir forte o suficiente para sugerir isso, será rapidamente conduzido para um terreno mais seguro. E se, de vez em quando, consegue publicar um artigo que não promova explicitamente causas progressistas, isso só acontece depois que cada linha é cuidadosamente massageada, negociada e advertida.

Nesse jornal, o dogma substituiu a reportagem. A ideologia tomou o lugar dos fatos. Todos os fatos foram filtrados através de uma agenda. Caso algo não se enquadrasse na agenda, não seria reportado. Eu fui ficando tão frustrado com isso, especialmente ao longo desses meses de *lockdown*, durante os quais

---

[109] WEISS, Bari. Resignation Letter. *BariWeiss.com*, 2020.

o jornal parecia ter uma regra para culpar o vírus e não a política de resposta a ele, por todos os problemas existentes. Por isso, eu quase não o considerava legível. Quando isso aconteceu precisamente, não está claro. Alguns dizem que a geração "WOKE" encontrou uma forma de *trollar* os progressistas da velha guarda que costumavam comandar tais políticas. Alguns atribuiriam isso ao *Projeto 1619*[110], que poderia ter sido um interessante e importante acordo com o lado negro da história norte-americana. Ao invés disso, transformou-se em uma destruição total de todos os valores norte-americanos e da existência do próprio capitalismo. (Você pode ler a resposta magistral em forma de livro de Phil Magness)[111].

Minha própria percepção esmagadora de que algo havia desmoronado começou em 27 de fevereiro de 2020, com o *podcast* do *New York Times*[112]. O repórter Donald McNeil disse ao apresentador deste *podcast*: "isso é alarmista, mas acho que, agora, é justificado. Isto me lembra o que li sobre a gripe espanhola de 1918".

Lembra? Essa é a sua justificativa para espalhar o pânico internacional? Ele afirmou que "se você tiver trezentos amigos e conhecidos relativamente próximos, seis deles morrerão". O apresentador do programa resumiu a mensagem de McNeil: "taxa de letalidade de 2% de 50% do país", significando 6,6 milhões de mortos. McNeil não discordou.

Fiquei surpreso, porque não havia nenhuma evidência para afirmações tão bizarras. Nem mesmo o epidemiologista Neil Ferguson havia previsto algo tão ridículo. Enquanto isso, especialistas genuínos tentavam, desesperadamente, acalmar as pessoas, mesmo quando o *New York Times* espalhava o pânico máximo, provavelmente por razões políticas. Nas semanas e meses desde então, a doutrina Covid-19 do jornal foi gravada em pedra. Ela é assim: "essa é uma

---

[110] O *Projeto 1619*, do jornal *New York Times*, propunha apresentar uma perspectiva diferente sobre a história americana, por meio de ensaios redigidos pela jornalista Nikole Hannah-Jones. A princípio, questionava-se a fundação dos Estados Unidos da América (1776), apontando que a data seria, na verdade, 1619, ano em que africanos traficados desembarcaram no porto Comfort, no estado da Virgínia. O projeto levantou diversas críticas, discussões raciais e recebeu o Prêmio Pulitzer, apesar de ter sido negada pelas alas mais ponderadas dos Democratas. (N. R.)

[111] MAGNESS, Phillip W. *The 1619 Project: A Critique*. Massachusetts: The American Institute for Economic Research, 2020.

[112] BARBARO, Michael e MCNEIL JR., Donald G. "The Coronavirus Goes Global". Transcrição de *podcast*. *The New York Times*, 27 de fevereiro de 2020.

Capítulo 1 | *O New York Times revive seu passado sombrio*

pandemia aterrorizante. Muitos milhões morrerão. Todos são vulneráveis. A única solução é o *lockdown*. Se não fizermos *lockdown*, a culpa é do presidente norte-americano Donald Trump". Consequentemente, Trump é responsável por todas as mortes. Aquela mensagem tem sido repetida milhares de vezes, a cada dia, de todas as maneiras, desde então.

Isso não é ciência. Isso não é jornalismo. Isso é ideologia fanática disfarçada de reportagem. Felizmente, antigos jornalistas do *Times*, como Alex Berenson, continuaram a expor isso diariamente[113]. Agora, leitores veem tudo isso e me dizem: "Ei, as coisas nunca estiveram certas neste jornal". Eu contestaria isso. De 1934 a 1946, o grande jornalista econômico Henry Hazlitt (1894-1993) escreveu não apenas um editorial diário, como também foi curador do *Book Reviews*. Houve ocasiões em que o nome Ludwig von Mises (1881-1973) apareceu na primeira página daquela seção por meio de resenhas entusiasmadas de seus livros.

Mesmo olhando para trás, para a cobertura de vírus do jornal no pós-guerra, a regra era sempre a mesma: traga a calma e incentive a confiança nos profissionais médicos para gerenciar a doença, mas mantenha a sociedade funcionando. Isso é o que o jornal disse em 1957-58 (gripe asiática) e 1968-69 (gripe de Hong Kong). O jornal tem uma longa tradição de tentar encontrar esse "centro vital", ao mesmo tempo permitindo editoriais nas duas pontas, desde que pareçam responsáveis. (Quanto à sua cobertura durante a Era Progressista, vou deixar isso de lado; não era nada da qual se gabar).

Contudo, há uma exceção gigantesca, gritante, assustadora e essencialmente indesculpável. É o caso de Walter Duranty (1884-1957), chefe do escritório do *Times* em Moscou, de 1922 a 1936[114]. Ele estava em uma posição privilegiada para dizer a verdade sobre as fomes catastróficas, expurgos políticos, assassinatos galopantes e milhões de mortos nas mãos do regime soviético durante aqueles anos. Ele estava alocado lá, governava o poleiro e tinha acesso a informações negadas à maior parte do resto do mundo.

Em particular, Duranty poderia ter coberto os milhões que morreram (na verdade, foram massacrados) devido à fome deliberada na Ucrânia, de

---

[113] BERSENSON, Alex (@*AlexBerenson*). "1/ So let's be clear: long-haul #Covid is a joke…" *Twitter*, 20 de agosto de 2020.
[114] WIKIPEDIA. "Walter Duranty". *Wikipedia*, 9 de agosto de 2020.

1932 a 1933. Ele não o fez. Ele fez o oposto. Em artigos frequentes para o *Times*, Duranty garantiu aos leitores que tudo estava bem, que Stalin era um grande líder, que todos estavam mais ou menos felizes, que não havia nada para ver na Ucrânia. Seu livro posterior foi intitulado *I Write as I Please* [*Escrevo Como Eu Quiser*, em português] (1935). Deveria ter se chamado *Escrevo para agradar a Stalin*. Incrivelmente, o jornal ganhou o Prêmio Pulitzer em 1932 por sua cobertura. O jornal nunca o repudiou. Eles ainda reivindicam o crédito por isso, apesar dos horrores que suas páginas foram responsáveis por esconder do mundo.

É extremamente difícil enfrentar essa história terrível, porém, após tê-lo feito, você experimenta um grande exemplo de como as mentiras podem perpetuar uma máquina de matar. Duranty governou a imprensa em Moscou, suprimindo a verdade de todas as maneiras possíveis e convencendo o mundo de que tudo estava bem na União Soviética — embora esteja bem claro, a partir da história documentada, que ele "sabia mais e melhor". Ele preferia a mentira à verdade, provavelmente porque estava sendo chantageado, como também porque era comunista e não tinha absolutamente nenhuma bússola moral. Até que ponto seus editores em Nova York cooperaram nessa fraude ultrajante ainda não está claro. No mínimo, queriam tanto que ele estivesse correto, que nem se importaram em ter uma grama de incredulidade, embora ele estivesse desculpando e celebrando um ditador totalitário.

Esse período nojento da história do jornal levou ao encobrimento de um dos maiores crimes do século. Só foi revelado, com grande coragem moral, pelo jornalista Malcolm Muggeridge (1903-1990) (escrevendo para o *Manchester Guardian*) e, em seguida, por Gareth Jones (1905–1935), jornalista inglês independente que viu o sofrimento em primeira mão, quase morreu de fome, mal saiu de Moscou e, com grande risco para si mesmo e para os outros, revelou os crimes de Stalin e a calamidade na Ucrânia para o mundo[115]. Isso me traz à verdadeira inspiração para este capítulo: o filme de 2019, *Mr. Jones*[116]. Exorto você a assisti-lo. É um épico histórico fascinante, baseado inteiramente na história real de Duranty, Orwell e Jones.

---

[115] WIKIPEDIA. "Gareth Jones (journalist)". *Wikipedia*, 17 de agosto de 2020.
[116] HOLLAND, Agnieszka. *Mr. Jones*. Filme. Diretor: Agnieszka Holland. Alemanha: Film Produkcja, 2019.

Capítulo 1 | *O New York Times revive seu passado sombrio*

Raramente, um filme me assombrou tanto. É brilhante, bastante preciso historicamente. Celebra o tipo de coragem moral necessária para fazer a verdade prevalecer sobre as mentiras, em uma era de tirania. Como é possível que milhões possam morrer e o mundo não saber, e tantas pessoas cooperarem na supressão deliberada da verdade — pessoas com prestígio, privilégio e reputação de integridade? Acontece. Aconteceu. Acontecerá novamente, a menos que as pessoas estejam dispostas a se levantarem e dizer a verdade. De certa forma, está acontecendo agora.

Tenho certeza de que você conhece a sensação de olhar para os fatos reais na base deste vírus e, em seguida, compará-los com o frenesi recebido diariamente nas notícias. Especialmente no *New York Times*, que no dia em que escrevo isto (14 de julho de 2020) avisou: muitos outros morrerão se não voltarmos a fazer *lockdown* no país inteiro[117].

É preciso apenas um mínimo de inteligência para perceber que este escritor está falando sobre "casos" que são esmagadoramente o resultado de testes requeridos, principalmente assintomáticos, e voltado para os jovens e saudáveis que correm pouquíssimos perigo com este vírus. Sabemos disso. Sabíamos desde fevereiro. Contudo, ele não diz isso aos leitores. Em vez disso, é histérico, pedindo mais, mais, mais pânico público e um *lockdown* nacional.

Durante esses meses, o padrão no *Times* tem sido o mesmo:

Atribua o terrível declínio econômico não aos *lockdowns*, mas ao vírus;
Atribua as consequências do vírus à falha em fazer suficientes *lockdowns*;
Deliberadamente, confunda leitores a respeito da diferença entre testes, casos e mortes;
Nunca coloque o foco na incrivelmente óbvia demografia das mortes pela Covid-19: idade média de oitenta e dois anos, com comorbidades;
Ignore completamente as vítimas primárias dos *lockdowns*: negócios especialmente pequenos, os pobres e minorias, comunidades marginalizadas, artistas, comunidades de imigrantes, cidades pequenas, teatros pequenos e assim por diante;

---

[117] BARRY, John M. "The Pandemic Could Get Much, Much Worse. We Must Act Now". *The New York Times*, 14 de julho de 2020.

Não publique nada falando da trajetória que todos os países civilizados já enfrentaram com novos vírus: os vulneráveis se protegem enquanto todos os demais ficam expostos, resultando em imunidade (a Suécia se saiu tão bem quanto qualquer país, porque se recusou a violar os direitos humanos);

Rejeite qualquer alternativa ao *lockdown* como louca, não científica e cruel, ao mesmo tempo, agindo como se Fauci falasse por toda a comunidade científica;

Acima de tudo, promova pânico ao invés de calma.

Segundo minha percepção, a última vez que o *New York Times* publicou algo realista ou sensato sobre esse assunto foi em 20 de março de 2020: dr. David Katz, sobre porque os custos do *lockdown* são altos demais[118]. Relendo-o agora, fica evidente os editores o terem forçado a recuar em seus pontos de vista, pois em outros lugares ele foi muito mais explícito.

Neste ponto, é doloroso até mesmo ler suas reportagens diárias, porque eles são todos tão transparentes e obviamente uma extensão desse padrão acima e da agenda mais ampla, que parece tão claramente política. Não acredito que todos no *Times* aprovem isso. É apenas um *ethos* autoimposto no interesse da retenção do emprego e da ambição de carreira.

Fui perguntado inúmeras vezes se esta censura do *Times* a comentários sérios é impulsionada pela política, ou seja, pelo ódio ao Trump. Como um dos primeiros críticos do presidente, e alguém que escreveu provavelmente várias centenas de artigos criticando muitos aspectos da política do seu governo, a ideia de causar um sofrimento impensável a uma nação em nome de uma guerra santa contra Trump é basicamente inconcebível. Seria verdade? Existe certamente um grão de verdade nas suspeitas aqui, e mesmo um grão é demais.

É nesse sentido que as notícias e políticas editoriais do *New York Times* hoje me lembram as de 1932, na maneira como o jornalismo está sendo usado para empurrar dogma ao invés de verdade, fatos seletivos ao invés de cobertura completa e equilibrada, ideologia ao invés de tolerância, propaganda ao invés de diversidade de opinião e uma agenda política agressiva ao invés de jornalismo humano e cuidadoso. Parece fora de controle nesse momento. Por isso, o testemunho interno de Bari Weiss é tão valioso e oportuno. Tolerância a dife-

---

[118] KATZ, David L. "Is our Fight against Coronavirus Worse than the Disease?". *The New York Times*, 20 de março de 2020.

rentes pontos de vista parece bom, em teoria. Na prática, há uma enorme atração para o pensamento "correto" e o exercício da crueldade para com aqueles que caem do lado errado.

O que pode ser feito? Em 1932 não existiam muitas alternativas ao *New York Times*. Hoje existem. Depende de cada um de nós nos tornarmos inteligentes, morais, farejar e rejeitar mentiras, e encontrar e dizer a verdade de outras maneiras.

CAPÍTULO 2

A Revolução Americana ocorreu em meio a uma pandemia

Um dos livros mais maravilhosos que li este ano de 2020 foi a história pessoal de Donald Henderson (1928-2016) sobre a erradicação da varíola. O livro é *Smallpox: The Death of a Disease — The Inside Story of Eradicating of a Worldwide Killer*[119]. É uma brilhante e eletrizante história de um homem que trabalhou toda a sua vida para tornar o mundo um lugar melhor. Ele também foi o autor (junto com outros) de um poderoso tratado contra *lockdowns* que aparece no AIER[120]. Ele morreu em 2016, o que é triste, pois poderíamos ter usado sua sabedoria nesses tempos loucos.

A varíola é desconhecida da geração atual, precisamente devido ao trabalho incrível de Henderson. Trata-se de uma doença perversa. Um em cada três que a contrai, morre[121]. Muitos ficam com cicatrizes por toda a vida. É horrendo. Entretanto, em toda a batalha de séculos contra ela, ninguém jamais imaginou que os *lockdowns* tivessem algo a contribuir para sua gestão. Esse horror foi erradicado por um sério esforço por parte dos profissionais médicos.

A varíola foi um grande ator durante a Revolução Americana. Em geral, era uma ameaça maior para as tropas do que os exércitos estrangeiros. Cada oficial comandante precisou lidar com o problema. Muitos soldados

---

[119] HENDERSON, Donald A. e PRESTON, Richard. *Smallpox: The Death of a Disease: The Inside Story of Eradicating a Worldwide Killer*. Amherst, Nova York: Prometheus Books, 2009.
[120] STRINGHAM, Edward Peter. "How a Free Society Deals with Pandemics, According to Legendary Epidemiologist and Smallpox Eradicator Donald Henderson". *American Institute for Economic Research*, 21 de maio de 2020.
[121] WIKIPEDIA. "Smallpox: Prognosis". *Wikipedia*, 28 de junho.

Capítulo 2 | *A Revolução Americana ocorreu em meio a uma pandemia*

eram tão apaixonados pela luta, que se inoculavam em segredo, correndo grande risco. Absolutamente aterrorizante.

Aqui estamos hoje (4 de julho de 2020), celebrando essa revolução, enquanto todo um país se acovarda por medo de um vírus que raramente constitui ameaça para 99,5% da população, enquanto a idade média de morte é de um a dois anos além da expectativa média de vida. Não existe sequer um caso confirmado de reinfecção no mundo, sugerindo serem a imunidades facilmente adquiridas e sustentadas, até agora[122]. Para soldados na Guerra Revolucionária Americana, a Covid-19 dificilmente teria sido notada. Ao invés disso, eles lidaram com algo muito mais terrível. Ainda assim, lutaram pela liberdade.

Aqui está o resumo da história pela *ArmyHeritage.org*:

> Durante a Guerra Revolucionária Americana, uma das grandes ameaças ao exército veio não de fogo inimigo, mas de doença. Talvez a doença mais temida tenha sido a varíola, causada por um vírus que matava uma em cada três pessoas infectadas. Como a varíola era comum na Inglaterra, a maioria dos soldados britânicos já havia sido exposta e estava imune. Contudo, a doença era menos comum na América do Norte, por isso, o soldado continental típico não estava imune.
>
> Já em 1775, o general George Washington (1732-1799) sabia que a varíola era um problema sério para seu exército. Durante o outono e o inverno de 1775, ocorreu um surto na cidade de Boston. Rumores abundaram de que os britânicos estavam espalhando a doença deliberadamente. Quando os britânicos finalmente evacuaram Boston, em março de 1776, apenas soldados que já haviam contraído a doença tiveram permissão para entrar na cidade. Washington ordenou a seus médicos que mantivessem uma vigilância cuidadosa contra a varíola e enviassem homens infectados imediatamente para o hospital de isolamento.
>
> Washington enfrentou uma escolha difícil: vacinar ou não seu exército. Os soldados inoculados desenvolveriam um caso moderado da doença, ao qual a maioria sobreviveria. Então, estariam imunes. Sua outra opção era não fazer nada além de isolar e tratar os doentes, esperando que o Exército evitasse um

---

[122] Desde a escrita deste capítulo até a publicação do livro no Brasil, já surgiram casos de reinfecção que estão sendo estudados, inclusive, por cepas diferentes de coronavírus. (N. R.)

grande surto. Havia três problemas com a inoculação. O primeiro era que soldados inoculados poderiam transmitir varíola até estarem completamente recuperados. Logo, um programa de inoculação poderia começar uma epidemia descontrolada. Em segundo lugar, os soldados inoculados ficariam inaptos para o serviço durante semanas, enquanto se recuperavam, e até 2% poderiam morrer. Se os britânicos atacassem enquanto os homens estivessem fora de serviço, o Exército poderia ser destruído. O terceiro era que o processo de inoculação era simples o suficiente para os próprios homens o fazerem em segredo.

A varíola atingiu o Exército do norte em Quebec, onde muitos oficiais e soldados estavam se inoculando secretamente, intensificando a epidemia. De acordo com o general Benedict Arnold (1741-1801), ao redor de mil e duzentos dos cerca de três mil e duzentos continentais da área de Montreal estavam inaptos para o trabalho, a maioria com varíola. No final de maio de 1776, a situação dos pacientes do departamento do Norte era "quase suficiente para despertar a pena dos brutos, grandes celeiros [sendo] repletos de homens no auge da varíola, ao menos, para deixá-los confortáveis, com remédios que eram necessários em Fort George e Ticonderoga".

A varíola ameaçou a destruição de todo o exército. O major general John Thomas (1724-1776), comandante do exército em Quebec, morreu de varíola. "A varíola", lamentou John Adams (1735-1826), "é dez vezes mais terrível do que britânicos, canadenses e índios, juntos". Em meados de julho de 1776, cerca de três mil homens do exército do norte estavam doentes, a maioria com varíola. Por fim, a epidemia diminuiu e o general Gates (1727-1806) escreveu a Washington: "a varíola foi perfeitamente removida do exército". O que ocorreu exatamente perdeu-se na história, mas fontes sugerem que o Exército do Norte deu continuidade a um programa de vacinação sem autorização.

Essa foi uma decisão arriscada. Até meados de 1776, a única medida preventiva autorizada era o isolamento dos enfermos. A inoculação era proibida, embora muitos soldados se inoculassem secretamente. Quando Washington transferiu seu exército para Nova York, estabeleceu um hospital de isolamento contra a varíola em uma ilha no Rio East e ordenou a suspensão de todas as inoculações. O general advertiu: "qualquer desobediência a esta ordem será severamente punida". O Congresso Continental apoiou Washington e, quando um médico particular no estado de Nova York foi pego inoculando soldados, foi preso.

Apesar dessas precauções, o medo da varíola cresceu entre os homens do exército continental. O recrutamento sofreu e, no final de junho, as atitudes oficiais em relação à vacinação começaram a mudar. Apesar das precauções, a doença continuou a se espalhar. Em agosto de 1776, algumas tropas estavam sendo inoculadas em campos segregados.

Washington ainda temia criar uma epidemia, então, tomou precauções cuidadosas para garantir o isolamento de soldados passando por inoculação, transferindo-os da Filadélfia para hospitais segregados nas proximidades. Ele sugeriu abrigar soldados recém-infectados em casas distantes no interior e pediu para os soldados inoculados permanecerem em isolamento até se recuperarem totalmente. Depois, enviou roupas novas, ou "bem lavadas, arejadas e defumadas". Recomendou aos estados individualmente imunizarem seus recrutas antes de enviá-los ao exército.

Em fevereiro de 1777, enquanto estava acampado em Morristown, Washington se convenceu de que somente a inoculação impediria a destruição de seu exército. Enfatizando a necessidade de sigilo e rapidez, Washington ordenou a inoculação de todas as tropas. Como a Virgínia proibiu a inoculação, Washington pediu ao governador Patrick Henry (1736-1799) para apoiar o programa, escrevendo que a varíola "é mais destrutiva de modo natural para um exército do que a espada do inimigo".

No final, a aposta valeu a pena. Menos de 1% dos soldados morreram por causa da vacina e o programa teve tanto sucesso no controle da varíola, que ele o repetiu no inverno em Valley Forge, em 1778.

CAPÍTULO 3

Como o capitalismo global fortaleceu imunidades

Desde o começo desse vírus, as elites políticas têm utilizado a linguagem da guerra. O inimigo invisível poderia ser contido, suprimido, espancado até a submissão. Depois... se recolheria ao éter. As táticas seriam o banimento de viagens, paralisações, fechamentos, separação humana obrigatória e restrições à respiração. Os modelos de computador provaram que funcionaria, com tanta certeza, que aconteceria — liberdade, direitos humanos e liberdade de associação que se danassem.

Todos temos sido usados como personagens não-jogadores em um experimento social, jamais tentado em toda a história da humanidade, e de maneiras que entram em conflito com todos os valores em que acreditávamos anteriormente como sociedades livres[123]. Ninguém no comando pediu sua opinião, ou a minha. Estamos aqui apenas para desempenhar nosso papel em um modelo baseado em agentes. É a "gamificação" do despotismo.

O dogma tem se revelado de maneiras cada vez mais estranhas, como por meio de restrições totalmente desprezíveis a bares e restaurantes e, até mesmo, a alegação de que coros, instrumentos de sopro e o próprio órgão de tubos espalham doenças[124]. A Guilda Americana de Organistas foi forçada a fornecer um longo documento justificando a existência da música sacra[125]. A

---

[123] WIKIPEDIA. "Non-player Character". *Wikipedia*, 2 de junho de 2020.
[124] THIERER, Adam. "Ridiculous Liquor Regulations". *American Institute for Economic Research*, 25 de julho de 2020.
[125] AGO. "COVID-19 and Organists: Q & A". *American Guild of Organists*, 17 de julho de 2020.

Capítulo 3 | *Como o capitalismo global fortaleceu imunidades*

devastação na comunidade artística é palpável[126]. A carnificina é verdadeiramente insondável. Para piorar: os regulamentos sobre elevadores tornarão os poderosos arranha-céus dos EUA inutilizáveis e inúteis.

E se todo o paradigma estiver errado? Nenhum livro sobre biologia celular e molecular que encontrei menciona *lockdowns* e esconde-esconde como formas de vencer um vírus. "Para a maior parte dos vírus que atacam humanos", diz *Cell and Molecular Biology for Dummies*, "suas únicas defesas são a prevenção e seu próprio sistema imunológico"[127]. Estranho, não? Nada a respeito do incrível poder dos políticos para esmagar um vírus. Não deveria ser surpresa a conclusão da análise estatística mais abrangente e global já conduzida: "fechamentos rápidos de fronteira, bloqueios completos e testes generalizados não foram associados à mortalidade de Covid-19 por milhão de pessoas" — significa não haver evidências de que nada dessa destruição horrível tenha salvo vidas[128].

Uma característica extremamente estranha da retórica da mídia durante esses meses terríveis tem sido o silenciamento de vozes falando da imunidade como forma de derrotar um vírus desse tipo. O AIER relatou-as quando apareceram, mas, como um leitor seriamente descontente do *New York Times*, posso dizer que a imunização via anticorpos não fez parte de sua cobertura. De uma forma espantosa para mim, isso mudou de repente, com um texto coerente que apareceu ontem: "Você pode pegar a Covid-19 de novo? Muito improvável, dizem os especialistas"[129]. Este artigo preciso equivale à uma refutação de um dos milhares de ridículos artigos populares, afirmando ser esse vírus tão sem precedentes, tão letal, tão misterioso, que a única opção seria jogar fora toda a moralidade, tratando as pessoas como animais. Diz o *Times*:

---

[126] Para mais, leia o capítulo intitulado "Os *Lockdowns* Mataram as Artes".
[127] KRATZ, Rene Fester. *Molecular & Cell Biology For Dummies*. Hoboken, Nova Jersey: John Wiley & Sons, 2009.
[128] CHAUDHRY, Rabail, DRANITSARIS, George, MUBASHIR, Talha, BARTOSZKO, Justyna e RIAZI, Sheila. "Acountry Level Analysis Measuring the Impact of Government Actions, Country Preparedness and Socioeconomic Factors on COVID-19 Mortality and Related Health Outcomes". *EClinicalMedicine*, 21 de julho de 2020.
[129] MANDAVILLIA, Apoorva. "Can You Get Covid-19 Again? It's Very Unlikely, Experts Say". *The New York Times*, 22 de julho de 2020.

Embora pouco se saiba definitivamente sobre o coronavírus, apenas sete meses após o início da pandemia, o novo vírus está se comportando como a maioria dos outros [...]. Pode ser possível que o coronavírus atinja a mesma pessoa duas vezes, mas é altamente improvável isso acontecer em uma janela de tempo tão curta, ou deixar as pessoas mais doentes pela segunda vez, disseram eles [...]. *Pessoas infectadas com o coronavírus normalmente produzem moléculas imunes chamadas anticorpos.* Várias equipes relataram recentemente a diminuição nos níveis desses anticorpos em dois a três meses, causando alguma consternação[130]. Porém, uma queda nos anticorpos é perfeitamente normal após o desaparecimento de uma infecção aguda, disse o dr. Michael Mina, imunologista da Universidade de Harvard. Muitos médicos estão "coçando a cabeça, dizendo: 'Que vírus extraordinariamente estranho, pois não está levando a uma imunidade robusta', mas eles estão totalmente errados", disse Mina. "Não existe nada mais didático do que isso".

Imagine isso: "moléculas imunizantes chamadas anticorpos". O *Times* escreve como se estivesse introduzindo uma nova palavra de vocabulário aqui, muito embora as tropas de George Washington entendessem a questão e, perigosamente, perseguissem técnicas de inoculação contra a varíola[131]. Então, deixe-nos pensar sobre isso. Você contrai o vírus da Covid-19, se recupera (como 99,6% o fazem, especialmente, pessoas saudáveis), depois, você adquire proteção contra o vírus e, possivelmente, outros vírus similares durante um tempo. Seu sistema imunológico melhora. A coevolução de milhões de anos entre humanos e vírus dá outro passo em direção ao progresso. A implicação: ao invés de correr e se esconder, talvez, um pouco de bravura cientificamente informada seja necessária aqui.

Sim, mas se for verdade, não estariam epidemiologistas competentes e credenciados dizendo isso? Acontece que muitos estão. Eles simplesmente não

---

[130] LEI, Qing, LI, Yang, HOU, Hongyan, WANG, Feng e ZHANG, Yandi, *et al.* "Antibody Dynamics to SARS-CoV-2 in Asymptomatic COVID-19 Infections". *MedRxiv*, 4 de agosto de 2020; LONG, Quan-Xin, TANG, Xiao-Jun, SHI, Qiu-Lin, LI, Qin e DENG, Hai-Jun, *et al.* "Clinical and Immunological Assessment of Asymptomatic SARS-CoV-2 Infections". *Nature Medicine*, 26, 2020: p. 1200-1204.
[131] Para mais, leia o capítulo intitulado "A Revolução Americana Ocorreu em meio a uma Pandemia".

Capítulo 3 | *Como o capitalismo global fortaleceu imunidades*

estão sendo ouvidos, porque a mídia e os políticos os ignoram. Uma das vozes corajosas e inteligentes aqui é Sunetra Gupta, professora de epidemiologia teórica, líder de uma equipe completa de especialistas na Universidade de Oxford. Sua compreensão é tão profunda que ela, em uma entrevista, apresentou uma tese fascinante sobre por que a pandemia de gripe de 1918 foi a última praga verdadeiramente catastrófica vista no mundo moderno[132].

A alegação de Gupta é: quando vivemos em tribos isoladas, protegidas da exposição, essas pessoas ficam gradualmente mais fracas e vulneráveis. O patógeno errado chega na hora errada e as pessoas não foram biologicamente preparadas para isso. Isso os extermina de maneiras chocantes. Contudo, com o capitalismo moderno veio o fim desse isolamento estéril. Isso nos deu novos métodos para viajar, misturar, associar, mudar e, consequentemente, levou a mais exposição a doenças e aos anticorpos resultantes. Portanto, não foram apenas as melhores terapias e vacinas que nos ajudaram a vencer algumas pragas, mas as próprias imunidades. Nosso *kit* de ferramentas biológicas para combater doenças foi aprimorado, simplesmente, por meio de viagens, comércio e capitalismo global.

Cito Gupta longamente, começando com seu tutorial número um sobre imunidade a vírus, adquirido ao longo do século passado, e estranhamente esquecido neste:

> A outra questão interessante que, repentinamente, percebi com essa ameaça em particular, é as pessoas estarem tratando-a como um desastre externo, como um furacão ou *tsunami*, como se você pudesse fechar as escotilhas e ele, eventualmente, acabaria. *Isto simplesmente não está correto.* A epidemia é uma relação ecológica a ser administrada entre nós e o vírus. Porém, contrariamente, as pessoas estão olhando para isso como algo completamente externo [...]. Esse é o eixo da doença, mas há o eixo socioeconômico, que foi ignorado. No entanto, há um terceiro, o eixo estético, que trata de como queremos viver nossas vidas. *Estamos nos fechando não apenas para a doença, mas para outros aspectos do ser humano* [...].

---

[132] REACTION. "We May already Have Herd Immunity — an Interview with Professor Sunetra Gupta". *Reaction*, 21 de julho de 2020.

Acho a contrapartida muito extrema. Obviamente, a manifestação mais extrema desse compromisso são os vinte e três milhões de pessoas a serem empurradas para baixo da linha da pobreza como resultado desta abordagem de marreta. Os custos para as artes também são incrivelmente profundos — os teatros e todas as outras formas de arte performática. No entanto, acredito que a inerente arte de viver também esteja sendo comprometida.

Atos de bondade estão sendo evitados. Alguém estava me dizendo ontem que sua mãe disse a eles "por favor, não voltem para casa, vocês vão nos matar [...]".

Agora vejo os jovens ficarem apavorados, mesmo sabendo ser baixo o risco para si próprios, de infectar um amigo, que o passará aos avós. Esta cadeia de culpa está, de alguma maneira, localizada no indivíduo, ao invés de ser distribuída e compartilhada.

Precisamos compartilhar a culpa. Precisamos compartilhar a responsabilidade. Nós mesmos devemos assumir certos riscos para cumprir nossas obrigações e o contrato social. Então, gostaria que as pessoas fossem lembradas disso pelos políticos, pois para isso eles foram eleitos — para ver se o contrato social está sendo devidamente negociado [...].

É muito difícil. Acho que não há nada a fazer, exceto lembrar às pessoas que isso não é apenas puritano, mas equivocado. Porque, na verdade, *a única maneira de reduzir o risco para as pessoas vulneráveis da população é: aqueles de nós capazes de adquirir imunidade coletiva fazermos isso.*

Mesmo havendo algum risco. Tenho cinquenta e cinco anos e há um pequeno risco lá fora. No entanto, estaria disposta a assumi-lo, assim como faço com a gripe. Há o risco de eu morrer de gripe, porém, estou disposta a corrê-lo, porque sei que, se não o fizer, a gripe aparecerá como antes, entrará na população de indivíduos imunologicamente fracos e haverá um alto risco de infecção, com *efeito desproporcional sobre o setor vulnerável da população*.

Talvez a maneira de contra-atacar agora seja dizer que, na verdade, *não só é bom para os jovens saírem às ruas e se tornarem imunes, mas quase seu dever*. É uma forma de conviver com esse vírus. Assim convivemos com outros. A gripe é, claramente, um vírus muito perigoso, mas a razão pela qual não vemos mais mortes de gripe a cada ano talvez seja porque, por meio da imunidade de rebanho, os níveis de infecção são mantidos tão baixos quanto conseguimos manter [...].

Capítulo 3 | *Como o capitalismo global fortaleceu imunidades*

Agora, mais informações sobre a beleza da aparente mágica da imunidade coletiva, recentemente estimada em 10% a 20%:

> [Imunidade de rebanho é] um termo técnico para a proporção da população que precisa ser imune para prevenir a propagação da doença, sendo o conceito central nas vacinações. Trata-se de um conceito epidemiológico fundamental que, claramente, foi subvertido. O fato de incluir a palavra "rebanho" deve ter tornado isso mais fácil.
> Na verdade, *imunidade de rebanho é uma forma de prevenir a morte de pessoas vulneráveis*. Isso é alcançado às custas da morte de algumas pessoas e podemos impedir isso protegendo a classe vulnerável no processo. Em uma situação ideal, você protegeria os vulneráveis da melhor maneira possível, deixaria as pessoas cuidarem de seus negócios, permitiria o aumento da imunidade do rebanho, garantiria que a economia não quebrasse, garantiria a preservação das artes e garantiria a manutenção das qualidades de bondade e tolerância.
> Vivemos, ao que parece, neste estado de terror. Sim, a viagem internacional facilita a entrada do contágio, mas também traz a imunidade[133].

Finalmente, as implicações históricas e a forma como o capitalismo global acabou com nosso isolamento estéril, mas também nos trouxe imunidade biológica e vidas mais longas:

> Por que não temos mais pandemias de gripe? Porque antes de 1918 não havia viagens internacionais suficientes, ou densidade de indivíduos, para manter a gripe como a coisa sazonal que é hoje. Bolsões de pessoas não imunes se acumulariam e, então, seriam devastados.
> Esse era o padrão até o final da Primeira Guerra Mundial. Desde então, muitas dessas doenças se tornaram endêmicas. Como resultado, estamos muito mais expostos a doenças em geral e patógenos relacionados. Então, se algo novo surgir, estaremos muito melhor do que estaríamos se não tivéssemos tido algum tipo de exposição a isso.

---

[133] AGUAS, Ricardo, CORDER, Rodrigo M., KING, Jessica G., GONÇALVES, Guilherme e FERREIRA, Marcelo U., *et al*. "Herd Immunity Thresholds for SARS-CoV-2 Estimated from Unfolding Epidemics". *MedRxiv*, 24 de julho de 2020.

Se o coronavírus tivesse chegado em um ambiente onde não tínhamos exposição anterior aos coronavírus, poderíamos estar muito pior. Parece também que, além da proteção contra doenças graves como resultado da exposição a coronavírus relacionados, alguma fração de nós parece ser resistente à infecção.

É uma notícia fantástica, na verdade. Com sorte, isso se consolidará em um nível científico de laboratório. Nós mesmos estamos examinando como os anticorpos para coronavírus sazonais, podem impactar na proteção contra infecções e doenças.

Talvez possamos construir uma imagem para melhor tranquilizar o público de que, na verdade, estamos muito melhor tendo sido expostos a coronavírus relacionados. Estamos em um lugar melhor para combater essa infecção do que realmente pensávamos.

Pode-se pensar que a visão dessa professora erudita, oferecida por sua posição na, talvez, mais prestigiada universidade do mundo, exerceria alguma influência sobre a mídia e a política. As implicações do que ela diz não são apenas que os *lockdowns* estão errados. Não só que os fechamentos são inúteis. Ela vai além: eles estão nos deixando menos saudáveis e tomando medidas para reverter o progresso da saúde, feito ao longo de um século de viagens, misturas e relações comerciais próximas.

As implicações da visão de Gupta — e sua inversão da narrativa de "esconde-esconde" e "ficar em casa" — oferecem uma nova e promissora maneira de compreender a relação entre o capitalismo moderno e as melhorias dramáticas na saúde humana, experimentadas por nós ao longo de um século. Também envia um sinal de alerta: se continuarmos no curso atual de nos escondermos e tentarmos suprimir inutilmente o vírus, acabaremos tornando toda a sociedade mais pobre, tanto material quanto espiritualmente, desferindo, também, um golpe perigoso em nossa saúde biológica.

CAPÍTULO 4

As origens da ideia de *lockdown* em 2006

Na primavera de 2020 começou o grande esforço, demonstrado por milhares de artigos e noticiários diários. De alguma maneira, queriam normalizar o *lockdown* e toda a sua destruição. Não fizemos *lockdown* em quase todo o país em 1968-69, 1957, ou 1949-1952, ou mesmo durante 1918[134]. Contudo, em aterrorizantes poucos dias de março de 2020, aconteceu com todos nós, causando uma avalanche de destruição social, cultural e econômica, que ecoará através dos tempos.

Não havia nada normal nisso tudo. Tentaremos descobrir o que aconteceu conosco daqui a décadas. Como um plano temporário para preservar a capacidade hospitalar se transformou em dois a três meses de prisão domiciliar quase universal, resultando em trabalhadores licenciados em duzentos e cinquenta e seis hospitais, cessação de viagens internacionais, 40% de perda de empregos entre pessoas ganhando menos de US$ 40 mil dólares por ano, devastação de todos os setores econômicos, confusão e desmoralização em massa, total desrespeito a todos os direitos e liberdades fundamentais, sem mencionar o confisco em massa de propriedade privada, com fechamentos forçados de milhões de empresas[135]?

---

[134] Para mais, leia os capítulos intitulados "Woodstock Aconteceu no meio de uma Pandemia", "Elvis era Rei, Ike era Presidente, e Cento e Dezesseis Mil Norte-americanos Morreram em uma Pandemia" e "A Aterrorizante Pandemia de Pólio de 1949-52". Veja também GELOSO, Vincent. "Spanish Flu Was Awful but We Moved on Anyway". *American Institute for Economic Research*, 14 de abril de 2020.

[135] PAAVOLA, Alia. "266 Hospitals Furloughing Workers in Response to COVID-19". *Becker's Hospital Review*, 7 de abril de 2020. Veja também o capítulo intitulado "'Perdi a Fé na Humanidade': o Custo Psicológico do *Lockdown*".

Realmente surpreende o quanto a teoria por trás do *lockdown* e do distanciamento forçado é recente. Até onde qualquer um pode dizer, o maquinário intelectual que criou essa confusão foi inventado há quatorze anos. E não por epidemiologistas, mas por modeladores de simulações por computador. Foi adotado não por médicos experientes — eles alertaram ferozmente contra isso —, mas por políticos.

Comecemos com a frase "distanciamento social", transformada em separação humana forçada. A primeira vez que ouvi isso foi no filme *Contágio* (2011). Apareceu pela primeira vez no *New York Times*, em 12 de fevereiro de 2006:

> Caso a gripe aviária se torne pandêmica, enquanto o Tamiflu e as vacinas ainda forem escassos, dizem os especialistas, a única proteção que a maioria dos norte-americanos terá será o "distanciamento social", *a nova forma politicamente correta de dizer "quarentena"*.
>
> Porém, o distanciamento também envolve medidas menos drásticas, como usar máscaras faciais, ficar longe de elevadores — e o cumprimento [com o cotovelo]. Esses estratagemas, dizem os especialistas, reescreverão a maneira como interagimos, pelo menos, durante as semanas em que as ondas da gripe estiverem passando por nós[136].

Talvez você não se lembre que a gripe aviária de 2006 não foi muito grande. É verdade, apesar de todos os avisos extremos sobre sua letalidade, a H5N1 não se transformou em nada demais[137]. Contudo, o que fez foi enviar o presidente norte-americano na época, George W. Bush, à biblioteca para ler sobre a gripe de 1918 e seus resultados catastróficos. Ele pediu a alguns especialistas para lhe enviarem alguns planos, sobre o que fazer quando a coisa real aparecesse. O *New York Times* conta a história a partir daí:

---

[136] MCNEIL, Donald G. Jr. "Greetings Kill: Primer for a Pandemic". *The New York Times*, 12 de fevereiro de 2006.

[137] CDC. 2 "Highly Pathogenic Asian Avian Influenza A(H5N1) Virus". *CDC*, 12 de dezembro de 2018.

Capítulo 4 | *As origens da ideia de lockdown em 2006*

Quatorze anos atrás, dois médicos do governo federal, Richard Hatchett e Carter Mecher, reuniram-se com um colega em uma lanchonete no subúrbio de Washington, para uma revisão final de uma proposta que, eles sabiam, seria tratada como uma *piñata*: dizer aos norte-americanos para não saírem de casa para trabalhar e irem à escola na próxima vez que o país fosse atingido por uma pandemia mortal.

Quando apresentaram seu plano, não muito depois, ele foi recebido com ceticismo, e certo grau de ridículo, por altos funcionários. Como outros nos Estados Unidos da América, eles se acostumaram a confiar na indústria farmacêutica, com sua gama cada vez maior de novos tratamentos, para enfrentar os desafios de saúde em evolução.

Os doutores Hatchett e Mecher estavam propondo, ao invés disso, que os americanos em alguns lugares se voltassem a uma abordagem, o autoisolamento, amplamente empregado pela primeira vez na Idade Média.

Como essa ideia — nascida de um pedido do presidente George W. Bush, para garantir que a nação estivesse melhor preparada para o próximo surto de doença contagiosa — *se tornou o cerne do manual nacional de resposta a uma pandemia* é uma das histórias não contadas da crise do coronavírus.

Exigiu que os principais proponentes — dr. Mecher, médico do Departamento de Assuntos de Veteranos, e dr. Hatchett, oncologista tornado conselheiro da Casa Branca — superassem a intensa oposição inicial.

Reuniu seu trabalho com o de uma equipe do Departamento de Defesa, designada para uma tarefa semelhante.

Teve também alguns desvios inesperados, incluindo um mergulho profundo na história da gripe espanhola de 1918 e uma importante descoberta, *iniciada por um projeto de pesquisa do ensino médio, realizado pela filha de um cientista* nos Laboratórios Nacionais Sandia.

O conceito de distanciamento social é agora intimamente familiar a quase todos. Porém, quando abriu caminho pela primeira vez na burocracia federal em 2006 e 2007, foi visto como *impraticável, desnecessário e politicamente inviável*[138].

---

[138] LIPTON, Eric, e STEINHAUER, Jennifer. "The Untold Story of the Birth of Social Distancing". *The New York Times*, 22 de abril de 2020.

Perceba que, no decorrer deste planejamento, nem especialistas jurídicos, nem econômicos, foram contratados para consultar e aconselhar. Ao invés disso, coube ao dr. Mecher (ex-morador de Chicago e médico intensivista, sem experiência anterior em pandemias) e ao oncologista dr. Hatchett. Porém, o que é essa menção da filha de quatorze anos no colégio? O nome dela é Laura M. Glass[139] e ela, recentemente, se recusou a ser entrevistada quando o *Albuquerque Journal* fez um mergulho profundo nessa história.

Laura, com alguma orientação de seu pai, desenvolveu uma simulação de computador, mostrando como as pessoas — membros da família, colegas de trabalho, alunos em escolas, pessoas em situações sociais — interagem. Ela descobriu que crianças em idade escolar entram em contato com cerca de cento e quarenta pessoas por dia, mais do que qualquer outro grupo. Baseado nessa descoberta, seu programa mostrou que, em uma cidade hipotética de dez mil pessoas, cinco mil seriam infectadas durante uma pandemia, caso nenhuma medida fosse tomada, mas apenas quinhentas seriam infectadas se as escolas fossem fechadas[140].

O nome de Laura aparece no documento fundacional, defendendo *lockdowns* e separação humana forçada. Esse artigo é "Targeted Social Distancing Designs for Pandemic Influenza" (2006)[141]. Estabeleceu um modelo de separação forçada e aplicou-o com bons resultados, retroativamente, a 1957. Eles concluem com um apelo arrepiante pelo que equivale a um *lockdown* totalitário, tudo afirmado com muita naturalidade.

A implementação de estratégias de distanciamento social é um desafio. Eles provavelmente devem ser impostos durante a epidemia local, possivelmente, até que uma vacina específica para cepa seja desenvolvida e distribuída. Caso

---

[139] Uma versão anterior deste capítulo, em uma instância, nomeou incorretamente o coautor do artigo de 2006 de Robert Glass. Isso agora está corrigido para Laura M. Glass.

[140] REED, Ollie Jr. "Social Distancing Born in ABQ Teen's Science Project". *Albuquerque Journal*, 2 de maio de 2020.

[141] GLASS, Robert J., GLASS, Laura M., BEYELER, Walter E. e MIN, H. Jason. "Targeted Social Distancing Designs for Pandemic Influenza". *CDC Emerging Infectious Diseases*, 12(11), 2006.

Capítulo 4 | *As origens da ideia de lockdown em 2006*

a *conformidade com a estratégia seja alta* durante esse período, uma epidemia dentro de uma comunidade pode ser evitada. Entretanto, caso as comunidades vizinhas não usem também essas intervenções, vizinhos infectados continuarão a introduzir a gripe, prolongando a epidemia local, embora em nível deprimido, mais facilmente acomodado pelos sistemas de saúde.

Em outras palavras, foi um experimento científico de segundo grau que acabou se tornando a lei do país e por meio de uma rota tortuosa impulsionada não pela ciência, mas pela política. O autor principal deste artigo foi Robert J. Glass, um analista de sistemas complexos dos Laboratórios Nacionais Sandia. Ele não tinha formação médica, muito menos experiência em imunologia ou epidemiologia. Isso explica porque o dr. D. A. Henderson, "que havia sido o líder do esforço internacional para erradicar a varíola", rejeitou o esquema completamente. Diz o *NYT*:

> Dr. Henderson estava convencido de que não fazia sentido forçar as escolas a fecharem, ou as reuniões públicas pararem. Os adolescentes fugiriam de suas casas para passear no *shopping*. Os programas de merenda escolar seriam encerrados e as crianças pobres não teriam o que comer. A equipe do hospital teria dificuldade em trabalhar, caso seus filhos estivessem em casa.
>
> As medidas adotadas pelos doutores Mecher e Hatchett "resultariam em perturbações significativas do funcionamento social das comunidades, levando a problemas econômicos possivelmente sérios", escreveu o dr. Henderson em seu próprio artigo acadêmico, respondendo às ideias deles.
>
> A resposta, ele insistiu, era resistir: *deixe a pandemia se espalhar, trate as pessoas que ficam doentes e trabalhe rapidamente para desenvolver uma vacina, evitando que ela volte.*

Phil Magness, do AIER, começou a trabalhar para encontrar a literatura que responderia ao artigo de 2006 de Robert e Laura M. Glass, descobrindo o seguinte manifesto: "Disease Mitigation Measures in the Control of Pandemic Influenza"[142]. Os autores incluíram D. A. Henderson, junto com três

---

[142] GLASS *et al.* (2006), *op.cit*; STRINGHAM, Edward Peter. "How a Free Society Deals with Pandemics, According to Legendary Epidemiologist and Smallpox Eradicator Donald Henderson". *American Institute for Economic Research*, 21 de maio de 2020.

professores da Johns Hopkins: o especialista em doenças infecciosas Thomas V. Inglesby, a epidemiologista Jennifer B. Nuzzo e a médica Tara O'Toole. Seu artigo é uma refutação incrivelmente legível de todo o modelo de *lockdown*[143]. *Sua notável conclusão?*

> A experiência tem mostrado que as comunidades enfrentando epidemias, ou outros eventos adversos, respondem melhor, e com o mínimo de ansiedade, quando *o funcionamento social normal da comunidade é menos perturbado*. Lideranças políticas e de saúde pública fortes, para fornecer garantias de que os serviços de cuidados médicos necessários sejam entregues, são elementos essenciais. Caso qualquer um deles seja considerado inferior ao ideal, *uma epidemia administrável pode se mover rumo à catástrofe*.

Enfrentar uma epidemia administrável e transformá-la em uma catástrofe: isso parece uma boa descrição de tudo o que aconteceu na crise Covid-19 de 2020.

Alguns dos especialistas mais treinados e experientes em epidemias assim alertaram, com uma retórica mordaz contra tudo o que os defensores do *lockdown* propuseram. Não era nem mesmo uma ideia do mundo real, em primeiro lugar, e não mostrou nenhum conhecimento real de vírus e mitigação de doenças. Mais uma vez, a ideia nasceu de um experimento científico do ensino médio, usando técnicas de modelagem baseadas em agentes, nada tendo a ver com a vida real, ciência real ou medicina real. Então, a questão é: como a visão extrema prevaleceu?

O *New York Times* tem a resposta[144]:

> A administração [Bush] acabou ficando do lado dos proponentes do distanciamento social e fechamentos — embora sua vitória tenha sido pouco notada fora dos círculos de saúde pública. Sua política se tornaria a base para o planejamento governamental, seria amplamente utilizada em simulações de preparação para pandemias e usada de forma limitada em 2009, durante um surto

---

[143] STRINGHAM, "How a Free Society Deals with Pandemics, According to Legendary Epidemiologist and Smallpox Eradicator Donald Henderson", *op.cit.*
[144] LIPTON e STEINHAUER, "The Untold Story of the Birth of Social Distancing", *op.cit.*

Capítulo 4 | *As origens da ideia de lockdown em 2006*

de gripe chamado H1N1[145]. *Então, veio o coronavírus e o plano foi colocado em prática em todo o país, pela primeira vez*[146].

O *Times* ligou para um dos pesquisadores pró-*lockdown*, o dr. Howard Markel, e perguntou o que ele achava dos *lockdowns*. Sua resposta: ele está feliz que seu trabalho tenha sido usado para "salvar vidas", mas acrescentou, "*Também é horrível*". "Sempre soubemos que isso seria aplicado no pior cenário", disse ele. "Mesmo quando você está trabalhando com conceitos distópicos, sempre espera que nunca seja usado".

As ideias têm consequências, como dizem. Sonhe com uma ideia para uma sociedade totalitária de controle de vírus, sem um fim de jogo e evitando qualquer evidência baseada na experiência de que alcançaria o objetivo, e você pode vê-la implementada algum dia. O *lockdown* pode ser a nova ortodoxia, mas isso não o torna clinicamente adequado, ou moralmente correto. Pelo menos, agora sabemos que muitos grandes médicos e acadêmicos fizeram o possível, em 2006, para impedir o desenrolar desse pesadelo. Seu poderoso artigo deve servir como um plano para lidar com a próxima pandemia.

---

[145] NAVARRO, J. Alexander; KOHL, Katrin S., CETRON, Martin S. e MARKEL, Howard. "A Tale of Many Cities: A Contemporary Historical Study of the Implementation of School Closures during the 2009 pA (H1N1) Influenza Pandemic". *Journal of health politics, policy and law*, 41(3), 2016, p. 393-421.

[146] Veja: CDC. *Interim Pre-pandemic Planning Guidance: Community Strategy for Pandemic Influenza Mitigation in the United States — Early, Targeted, Layered Use of Nonpharmaceutical Interventions*. Centres for Disease Control and Prevention (CDC), fevereiro, 2020. É discutível que este artigo não tenha favorecido o *lockdown* total. Falei com Rajeev Venkayya, MD, que considera o plano de 2007 mais progressista. Ele me garantiu que nunca imaginou esse nível de *lockdown*: "*Lockdowns* e instruções para ficar em casa não eram parte das recomendações". Em minha opinião, detalhar a relação completa entre este documento de 2007 e a política atual requer um artigo separado.

CAPÍTULO 5

As origens dos fechamentos forçados de escolas e da separação humana obrigatória em 2007

A ideia de um completo *lockdown* da sociedade, no caso de uma pandemia, surgiu pela primeira vez em 2006. Era uma proposta extremista, criada por um cientista da computação, como parte dos preparativos do presidente norte-americano George W. Bush para a guerra biológica. Provocou uma resposta feroz, por parte do epidemiologista líder mundial Donald Henderson, e seus colegas[147]. Essa proposta, emitida por Robert Glass, sob a influência do projeto de feira de ciências do colégio de sua filha (sim, agradece ao epidemiologista Neil Ferguson pelos comentários), ficaria na prateleira por quatorze anos, antes de ser implantada, de alguma forma, durante o pânico político de março de 2020[148].

O documento — mais moderado do que o artigo de Glass, mas ainda draconiano —, que ficou em espera nos anos subsequentes, foi emitido em fevereiro de 2007: "Interim Pre-pandemic Planning Guidance: Community

---

[147] STRINGHAM, Edward Peter. "How a Free Society Deals with Pandemics, According to Legendary Epidemiologist and Smallpox Eradicator Donald Henderson". *American Institute for Economic Research*, 21 de maio de 2020.

[148] STRINGHAM, Edward Peter. "Was Lockdown Architect and Theoretical Physicist Neil Ferguson morally Right to Defy the Lockdown?". *American Institute for Economic Research*, 18 de maio de 2020.

Strategy for Pandemic Influenza Mitigation in the United States — Early, Targeted, Layered Use of Nonpharmaceutical Interventions"[149]. Este documento introduziu o novo léxico: contenção em camadas direcionadas (TLC), intervenções não farmacêuticas (NPIs), distanciamento social, achatamento de curva. Em meados de março de 2020, todas essas expressões estranhas estiveram nos lábios de cada locutor de notícias e político.

Era um novo vocabulário para novos tempos, que rejeitavam as soluções não governamentais usadas em todas as pandemias desde a Segunda Guerra Mundial. Doravante, o governo estaria envolvido com políticas de precisão, infringindo as liberdades e a propriedade, com a presunção de que, em condições de emergência, o governo pode fazer essencialmente tudo o que quiser.

O documento não impôs um *lockdown* rígido, mas pediu o fechamento de todas as escolas e grandes eventos, além de:

> Quarentena domiciliar *voluntária* de membros de famílias com casos confirmados, ou prováveis, de gripe e a consideração de combinar essa intervenção com o uso profilático de medicamentos antivirais, considerando que quantidades suficientes de medicamentos eficazes existam e havendo um meio viável de distribuí-los.

À primeira vista, não há nada de intrinsecamente ameaçador em uma quarentena voluntária de doentes em casa. Tudo isso acontece de qualquer maneira, normal e naturalmente, em todas as estações em que os vírus e bactérias ameaçam a saúde, ou seja, sempre. Não requer nenhuma orientação governamental. Não há qualquer razão para o governo opinar sobre o assunto. Entretanto, as coisas são diferentes com outras diretrizes deste documento de 2007, incluindo:

> * Dispensa de alunos da escola (incluindo, escolas públicas e privadas, bem como faculdades e universidades) e de atividades baseadas na escola e encerramento de programas de cuidados infantis, juntamente com a proteção de crianças e adolescentes, através do distanciamento social, de modo

---

[149] CDC (2007, *Interim Pre-pandemic Planning Guidance:..*).

a obter reduções em contatos fora da escola e interação com a comunidade;

* Uso de medidas de distanciamento social para reduzir o contato entre adultos na comunidade e no local de trabalho, incluindo, por exemplo, cancelamento de grandes reuniões públicas e alteração dos ambientes e horários do local de trabalho, de modo a diminuir a densidade social e preservar um local de trabalho o mais saudável possível, sem interromper serviços essenciais. Permitir a instituição de políticas de licença do local de trabalho, que alinham incentivos e facilitam a adesão às intervenções não farmacêuticas (NPIs) descritas acima.

Embora essas medidas possam parecer moderadas em comparação com o acontecido em março de 2020, essas diretivas, indiscutivelmente, levaram ao *lockdown*, apenas pela lógica de intervenção. E a teoria geral de que vírus deveriam ser derrotados através de anulação da tomada de decisão privada e separação humana forçada.

Em uma sociedade livre, baseada no mercado, tudo está conectado, e um fechamento leva ao outro. Dispense as escolas e as crianças frequentam *shoppings*, praias e parques. Você tem que fechá-los para manter o distanciamento. Se elas ficarem em casa, precisam da presença de um dos pais, pressionando as empresas a fecharem. Caso você esteja fechando "grandes reuniões públicas", ainda terá problemas com igrejas, piqueniques, convenções de qualquer tamanho e, até mesmo, grandes jantares. O transporte deve ser encerrado, incluindo voos, trens e metrôs. Uma aplicação consistente da lógica aqui — que a maneira de mitigar a doença é ficar longe das pessoas — requer um fechamento completo da sociedade.

E com qual finalidade? Epidemiologistas lhe dirão que vírus simplesmente não se entediam e vão embora. Imunidade natural requer adquirir anticorpos ao vírus. Depois, há a opção de vacinas, que historicamente levam muito tempo para serem descobertas, distribuídas e administradas. A primeira vacina contra a varíola apareceu em 1796; a doença não foi declarada erradicada até 1980[150]. Contudo, para os autores da diretiva do CDC de 2007, as

---

[150] STRINGHAM, Edward Peter. "Stand Up for Your Rights, says Bio-Statistician Knut M. Wittkowski". *American Institute for Economic Research*, 6 de abril de 2020.

Capítulo 5 | As origens dos fechamentos forçados de escolas e da separação humana obrigatória em 2007

vacinas são o fim do jogo, mesmo sem evidências de serem possíveis, no caso de novos vírus como a Covid-19.

O motivo dos fechamentos, disse o CDC, é "atrasar o crescimento exponencial em casos incidentes e mudar a curva epidêmica para a direita, a fim de 'ganhar tempo' para a produção e distribuição de uma vacina de cepa pandêmica bem combinada".

Certamente, em 2006 e 2007, houve muitos protestos sérios contra toda essa linha de pensamento. Alguns especialistas chamaram isso de perturbador, perigoso e potencialmente calamitoso e empurraram, no lugar, a velha sabedoria que tínhamos aprendido após a Segunda Guerra Mundial: os esforços de mitigação de doenças devem ser conduzidos por profissionais médicos, não por políticos. Quando a gripe asiática de 1957-58 estourou (matando cento e dezesseis mil norte-americanos), por exemplo, o *New York Times* expressou a sabedoria comum: "Vamos todos manter a cabeça fria diante da gripe asiática, à medida que as estatísticas sobre a propagação e a virulência da doença começam a se acumular"[151]. Esse foi o único editorial publicado pelo jornal sobre o assunto. Era o oposto de um frenesi da mídia.

Lockdowns, bem como toda essa linguagem e aparato, equivalente a um grito primitivo para correr e se esconder do vírus, já foram considerados leis e remédios ruins e, portanto, completamente fora de questão. A regra geral era se manter calmo, adquirir imunidade e seguir adiante com a vida, sem perturbações. Assim ficaram as coisas durante anos, até que um punhado de guardiães colocasse em prática seu grande experimento de controle populacional massivo. No início de janeiro deste ano de 2020, conforme as notícias da Covid-19 chegavam de Wuhan, na China, muitos dos envolvidos na elaboração dessa política em 2007 começaram a perceber uma oportunidade. Como explica o *New York Times*:

> Quando o coronavírus emergiu e se dirigiu aos Estados Unidos da América, uma conversa extraordinária foi travada entre um grupo de elite de médicos infectologistas, especialistas médicos do governo federal e instituições acadêmicas em todo o país.

---

[151] THE NEW YORK TIMES. Editorial. *The New York Times*, 17 de setembro de 1957.

"Red Dawn" — uma homenagem ao filme de 1984, com Patrick Swayze e Charlie Sheen, *Amanhecer Violento* — foi o apelido para a lista de *e-mails* que eles construíram. Diferentes tópicos na lista foram chamados de *red dawn breaking*, *red dawn rising*, *red dawn breaking bad* e, conforme a situação se agravou, *red dawn raging*. Foi apresentado pelo oficial médico chefe do Departamento de Segurança Interna, dr. Duane C. Caneva, começando em janeiro com um pequeno grupo de especialistas médicos e amigos, gradualmente crescendo para dezenas[152].

Um dos participantes mais ativos neste tópico foi Carter Mecher, um médico de Chicago que há muito trabalha para a Administração dos Veteranos como conselheiro. Ele estava ativamente envolvido na elaboração do documento do CDC de 2007 a respeito do fechamento de escolas e separação humana forçada. Mecher havia se convertido às ideias de Robert e Laura Glass e seu projeto de *lockdown* total[153]. Com o pai e a filha Glass fora de cena, coube a Mecher a tarefa de forçar uma nova abordagem para lidar com vírus. Mais do que qualquer pessoa no tópico de *e-mail*, ele postava com frequência e com paixão crescente. Em 28 de janeiro de 2020, ele enviou a seguinte nota:

> **De: Carter Mecher**
> **Envida: 28 de janeiro de 2020, às 18:04**
> "A conversa nos *blogs* é que a OMS e o CDC estão atrasados. Estou vendo comentários de pessoas perguntando por que a OMS e o CDC parecem estar minimizando isso. Eu certamente não sou um especialista em saúde pública (apenas um bobalhão da Administração dos Veteranos), mas não importa como olhe para isso, parece ruim. Se presumirmos a mesma taxa de apuração de caso que a onda da primavera de 2009 H1N1, isso parece quase tão transmissível quanto a gripe (mas com um período de incubação mais longo e maior número de reprodução). O tamanho projetado do surto já parece difícil de acreditar".

---

[152] LIPTON, Eric. "The 'Red Dawn' Emails: 8 Key Exchanges on the Faltering Response to the Coronavirus". *The New York Times*, 11 de abril de 2020.
[153] GLASS, Robert J., GLASS, Laura M., BEYELER, Walter E. e MIN, H. Jason. "Targeted Social Distancing Designs for Pandemic Influenza". *Emerging Infectious Diseases*, 12(11), 2006: p. 1671-1681.

No mês seguinte, ele já estava falando sobre intervenções não-farmacêuticas, uma frase ampla que pode significar tudo, desde autoquarentena voluntária até o *lockdown* total.

> **De: Carter Mecher**
> **Envida: Segunda, 17 de fevereiro de 2020, às 8:57**
> "As intervenções não-farmacêuticas (NPIs) serão fundamentais para nossa resposta a esse surto (supondo que nossas estimativas de gravidade sejam precisas). Este grupo de *e-mail* cresceu desde que começamos (não exatamente um crescimento de nível epidêmico, mas chegando lá). Olhando para o futuro, prevejo que podemos encontrar resistência à implementação de NPIs e esperaríamos preocupações / argumentos semelhantes aos levantados em 2006, quando essa estratégia surgiu pela primeira vez".

No mesmo dia, Mecher começou a promover o trabalho pró-*lockdown* de Robert Glass:

> Por último, outra pessoa, Bob Glass, em Los Alamos, também trabalhou nisso separadamente do grupo MIDAS. Na verdade, ele começou esse trabalho como parte de um projeto de feira de ciências para sua filha (usando contatos sociais de sua filha e seus colegas na escola para modelar a transmissão de doenças). Ele conhecia alguém na Administração dos Veteranos que nos encaminhou seu trabalho (cadeia de transmissão). No início (mesmo antes do grupo MIDAS modelar a contagem de leucócitos totais — TLC), tivemos um momento "Eureka!", quando representamos graficamente seus dados no Excel (pode compartilhar esse único gráfico para qualquer pessoa interessada)[154].

Depois disso, o tom e o teor do grupo tornaram-se cada vez mais violentos, ao ponto de um frenesi absoluto. Eles precisavam da ameaça da doença o mais intensa possível para dar início a seus planos e, provavelmente, foram

---

[154] Lista de *e-mails* "Red Dawn", disponível por: LIPTON, Eric. "The 'Red Dawn' Emails: 8 Key Exchanges on the Faltering Response to the Coronavirus". *The New York Times*, 11 de abril de 2020.

sinceros em acreditar que era hora. Como acontece com qualquer longa cadeia de *e-mails*, eventualmente, surge um tom e um impulsionador de discussão. Nesse caso, Mecher passou a ser a principal voz do pânico e da implantação imediata do fechamento de escolas e eventos públicos, levando a *lockdowns* em todo o país.

Se você tem alguma dúvida de que o principal impulso para o bloqueio teve menos que ver com terapia do que com modelos, inspirado nas fantasias de um cientista da computação em vez de um verdadeiro especialista em vírus, um experimento social conduzido com desrespeito à liberdade e ao Estado de Direito, um plano central louco e temerário, elaborado sem levar em conta a experiência, ou a ciência médica séria, a prova é esta cadeia de *e-mails* como uma demanda apaixonada para implementar o projeto do CDC de 2007.

Agora, os arquitetos de 2007 estão trabalhando para se distanciar socialmente dos *lockdowns* que causaram tantos danos ao país. Não tenho certeza se eles podem, ou merecem, ser declarados livres de responsabilidade. Quantas atrocidades terríveis em tempo de guerra resultam de uma política iniciada com a promessa de apenas ataques cirúrgicos e bombardeios de precisão, sem outras vítimas? Vemos algo semelhante acontecendo aqui. A culpabilidade pertence a quem desencadeia a violência em nome da paz ou da saúde.

CAPÍTULO 6

A aterrorizante pandemia de pólio de 1949-1952

A Segunda Guerra Mundial havia terminado há quatro anos e os EUA tentavam retornar à paz e à prosperidade. Controles de preço e racionamento haviam terminado. O comércio estava abrindo. As pessoas estavam retornando às suas vidas normais. A economia começou a cantarolar novamente. O otimismo para o futuro estava crescendo. O 33º presidente norte-americano, Harry Truman, se tornou o símbolo de uma nova normalidade. Após a Depressão e a guerra, a sociedade estava se recuperando.

Como um lembrete de ainda haver ameaças à vida e à liberdade, apareceu um velho inimigo: a poliomielite. Trata-se de uma doença de origens antigas, com seu efeito mais assustador sendo a paralisia das extremidades inferiores. Mutilou crianças, matou adultos e causou um enorme medo em todos. A poliomielite também é um caso paradigmático de que políticas de mitigação direcionadas e localizadas funcionaram no passado, mas *lockdowns* em toda a sociedade nunca foram usados antes da Covid-19. Eles nem eram considerados uma opção.

A poliomielite não era uma doença desconhecida: sua reputação de crueldade era bem merecida. No surto de 1916, houve vinte e sete mil casos e mais de seis mil mortes devido à poliomielite nos Estados Unidos da América, duas mil das quais na cidade de Nova York. Depois da guerra, as pessoas tinham memórias vivas desse horror. As pessoas também estavam acostumadas a ajustar seu comportamento. Em 1918, elas trocaram as cidades por *resorts*, cinemas foram fechados por falta de clientes, grupos cancelaram encontros e as reuniões públicas diminuíram. As crianças evitaram piscinas e bebedouros públicos, temendo que isso fosse transmitido pela água. Qualquer que seja o mérito terapêutico disso, essas ações não exigiam força; aconteceu porque as pessoas fizeram seu melhor para se adaptarem ao risco e serem cautelosas.

Em 1949, a nova epidemia de poliomielite apareceu e se espalhou seletivamente por centros populacionais, deixando seu sinal mais trágico: crianças em cadeiras de rodas, muletas, suspensórios para as pernas e com membros deformados. Para crianças com poliomielite, no final dos anos 1940, a doença causava paralisia em um em cada mil casos de crianças de cinco a nove anos. O restante apresentava apenas sintomas leves e desenvolveu imunidades. Na temporada de 1952, dos cinquenta e sete mil seiscentos e vinte e oito casos relatados, três mil cento e quarenta e cinco morreram e chocantes vinte e um mil duzentos e sessenta e nove experimentaram paralisia. Assim, embora as taxas de infecção, morte e paralisia pareçam "baixas" em comparação com a gripe de 1918, o impacto psicológico desta doença tornou-se sua característica mais presciente.

O "pulmão de ferro", que se tornou amplamente disponível na década de 1930, parou a asfixia das vítimas da pólio e foi um triunfo da inovação. Permitiu uma redução dramática na taxa de mortalidade[155]. Finalmente, em 1954, uma vacina foi desenvolvida (por laboratórios privados, com pouquíssimos subsídios do governo) e a doença foi amplamente erradicada nos Estados Unidos da América vinte anos depois. Tornou-se um marco da indústria médica e da promessa de vacinas.

Aqui estão os dados sobre infecção e morte[156]:

Por todo o país, a quarentena de doentes foi implantada de forma limitada, como uma resposta médica. Houve alguns fechamentos. O CDC relata que "as viagens e o comércio entre as cidades afetadas, às vezes, eram restritos [pelas autoridades locais][157]. Autoridades de saúde pública impuseram quarentenas (usadas para separar e restringir o movimento de pessoas saudáveis, que pudessem ter sido expostas a uma doença contagiosa, para ver se ficaram doentes), em casas e cidades onde casos de pólio foram diagnosticados".

---

[155] WIKIPEDIA. "Iron lung". *Wikipedia*, 9 de maio de 2020.
[156] OUR WORLD IN DATA. n. d. "Prevalence of Polio Rates in the United States, 1910-2010". *Our World in Data*. Disponível em: < https://ourworldindata.org/grapher/prevalence-of-polio-rates-in-the-united-states>.
[157] CDC. "Polio Elimination in the United States". *Centers for Disease Control and Prevention*, 25 de outubro de 2019.

Capítulo 6 | *A aterrorizante pandemia de pólio de 1949-1952*

Prevalência de Taxas de Poliomielite nos Estados Unidos da América, 1910-2010
As taxas relatadas são por 100.000 habitantes dos EUA e incluem infecções de pólio do tipo selvagem e derivadas de vacina que ocorreram de forma autóctone e como casos importados

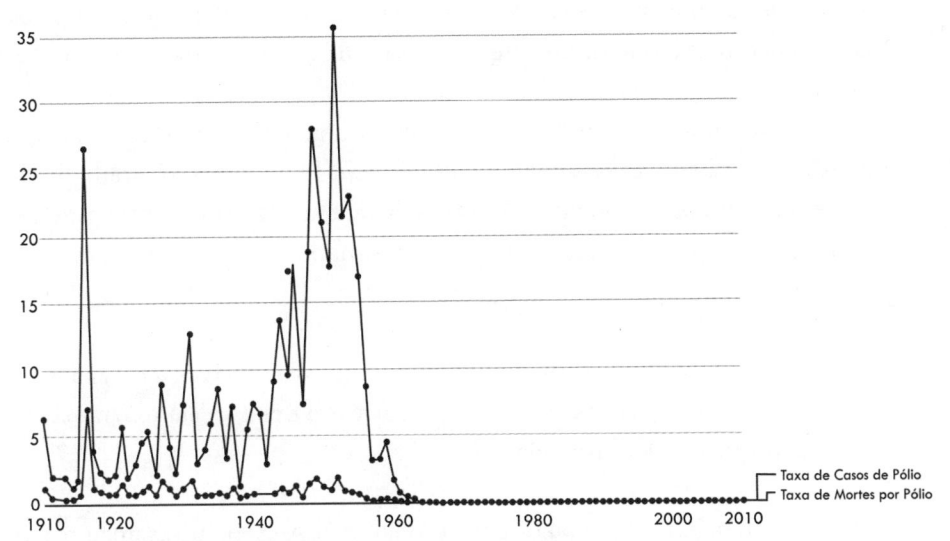

Fonte: *Our World in Data*, baseado no Serviço Público de Saúde dos EUA (1910-1951) e Centro de Controle de Doenças dos EUA (1960-2010).

O presidente Harry Truman falou frequentemente sobre a necessidade de uma mobilização nacional contra a pólio[158]. Contudo, o que ele quis dizer com isso foi convencer as pessoas a serem cautelosas, seguir as orientações médicas, isolar os infectados e inspirar a comunidade médica a encontrar meios de tratamento e cura. Embora não houvesse cura e nenhuma vacina, houve um longo período de incubação, antes que os sintomas se revelassem. Apesar de haver uma grande confusão sobre como era transmitida, a ideia de bloquear um estado, nação ou mundo inteiro era inconcebível. O conceito de uma ordem universal de "ficar em casa" não era imaginável em lugar algum. Os esforços para impor "distanciamento social" foram seletivos e voluntários.

Em um surto anterior de 1937, em Chicago, por exemplo, o superintendente das escolas (não o prefeito ou governador) fechou as escolas públicas

---

[158] TRUMAN LIBRARY. "Poliomyelitis". *Harry S. Truman Library;* 1964. *Public Papers of the Presidents of the United States: Harry S. Truman 1949.* United States Government Printing Office, 2019, p. 471.

por três semanas e encorajou o aprendizado em casa[159]. Em muitas localidades, quando havia um surto, e dependendo do nível de medo, as pistas de boliche e as salas de cinema eram encerradas, mas não à força[160]. Os serviços religiosos eram cancelados esporadicamente, mas não à força. As próprias igrejas nunca foram fechadas.

Em Minnesota, em 1948, o conselho estadual de saúde advertiu contra a realização da feira estadual. Foi cancelada. Em 1950, James Magrath, presidente do Conselho Estadual de Saúde de Minnesota, alertou contra grandes reuniões, lamentando quantas pessoas persistiam em reunir crianças, mas acrescentou[161]:

> Ninguém pode interromper o relacionamento das pessoas nas comunidades [...]. Teremos apenas que dizer: 'Faça tudo o que puder, dentro do razoável'. Você não pode fechar tudo [...].

Em maio de 1949, após um surto em San Angelo, Texas (meu pai se lembra disso), o conselho da cidade votou (votou!) para fechar todos os locais de reunião por uma semana, de acordo com o maravilhoso livro *Polio: An American Story* (2005), de David M. Oshinsky, com a promessa de um período de término[162]. Contudo, a epidemia local não passou tão rapidamente e, em junho, os hospitais estavam cheios de pacientes. O turismo parou porque as pessoas não queriam estar lá. O fanatismo por limpeza era a regra do dia. A maioria dos teatros internos e pistas de boliche permaneceram fechados, simplesmente porque as pessoas estavam com medo (sem evidência de qualquer processo). No final, escreve Oshinsky, "San Angelo teve quatrocentos e vinte casos, um para cada cento e vinte e quatro habitantes, dos quais oitenta e quatro ficaram permanentemente paralisados e vinte e oito morreram". Em agosto, a pólio havia desaparecido novamente. A vida em San Angelo, gradualmente, voltou ao normal.

---

[159] STRAUSS, Valerie. "In Chicago, Schools Closed During a 1937 Polio Epidemic and Kids Learned from Home — Over the Radio". *The Washington Post*, 3 de abril de 2020.

[160] OSHINSKY, David. "Remembering the dreaded summers of polio". *Elsevier Connect*, 22 de outubro de 2014.

[161] EMMERSON, Elisabeth. "Polio: Minnesota's Crucial Role". *In: Public Health is People: A History of the Minnesota Department of Health from 1949 to 1999*, Capítulo 3, 2009.

[162] OSHINSKY, David M. "Polio: An American Story". Nova York: *Oxford University Press*, 2005.

Capítulo 6 | *A aterrorizante pandemia de pólio de 1949-1952*

Essa experiência se repetiu na maioria dos lugares do país onde ocorreram surtos. Os conselhos municipais incentivariam o cumprimento das diretrizes da Fundação Nacional para a Paralisia Infantil (posteriormente chamada *March of Dimes* — Marcha dos Dez Centavos), que divulgou uma lista de "precauções contra a poliomielite" para os pais seguirem. Algumas vilas e cidades nos Estados Unidos da América tentaram prevenir a propagação da poliomielite fechando piscinas, bibliotecas e cinemas (não restaurantes ou barbearias), em uma base temporária, mas, principalmente, de uma forma consistente com o humor público decorrente do medo e confusão.

Os únicos protestos contra as autoridades em meio século de confusão ocorreram em Nova York. Parecia que, na década de 1910, as autoridades estavam atingindo crianças imigrantes com o pesado fardo de estarem livres da pólio, antes de se integrarem à comunidade.

"Se você relatar mais bebês nossos ao Conselho de Saúde", escreveu a Mão Negra italiana com sangue, "vamos matá-lo".

À luz do *lockdown* coercitivo, quase global, da Covid-19, notável é como a terrível e aterrorizante doença da poliomielite foi administrada. Foi quase inteiramente por um sistema privado e voluntário de profissionais de saúde, inovadores, responsabilidade parental, cautela localizada, vontade individual e cuidado quando necessário. Era um sistema imperfeito, pois o vírus era tão vicioso, cruel e aleatório. Contudo, precisamente por não haver *lockdowns* nacionais ou estaduais — e apenas *lockdowns* locais muito limitados, feitos principalmente, de uma forma consistente com o medo dos cidadãos — o sistema permaneceu adaptável às mudanças nas condições.

Enquanto isso, *Garotos e Garotas* e *O Rei e Eu* estreavam na Broadway, *Um Bonde Chamado Desejo* e *Uma Aventura na África* agitavam os cinemas, as siderúrgicas zuniam como nunca antes, a indústria do petróleo crescia, as viagens nacionais e internacionais continuavam a rugir e a se democratizarem, o movimento pelos direitos civis nascia e a "era de ouro do capitalismo norte-americano" criava raízes, tudo no meio de uma terrível doença.

Era uma época em que, mesmo para essa doença horrível, mutiladora de crianças inocentes, problemas médicos eram amplamente percebidos como tendo soluções médicas e não políticas. Sim, houve respostas políticas claras para essas pandemias passadas, mas elas visavam às populações mais vulneráveis a fim de mantê-las seguras, deixando todos os outros em paz. A poliomielite era especialmente ruim para crianças em idade escolar, mas isso significava que fechariam as escolas temporariamente, em cooperação com os pais e a comunidade. A pandemia atual é diferente porque, em vez de visar as populações vulneráveis, optamos por uma abordagem única para toda a sociedade, quase em nível nacional e global e, certamente, em nível estadual. Isso nunca aconteceu — nem com a poliomielite, nem com a gripe espanhola, a gripe de 1957, a gripe de 1968, ou qualquer outra coisa.

Como a citação do oficial de saúde acima sobre a epidemia de pólio: "Ninguém pode impedir o relacionamento das pessoas nas comunidades". Nossos direitos sobreviveram. O mesmo aconteceu com a liberdade humana, a livre iniciativa, a Declaração de Direitos, empregos e o modo de vida norte-americano. Então, a poliomielite foi, eventualmente, erradicada. O *slogan* para a erradicação da poliomielite — "Faça tudo o que puder dentro do razoável" — parece uma boa regra para o gerenciamento de futuras pandemias.

CAPÍTULO 7

Elvis era rei, Ike[163] era presidente e 116.000 norte-americanos morreram em uma pandemia

O ano era 1957. O novo filme de Elvis, *O Prisioneiro do Rock* lotava os cinemas. O último episódio de *I Love Lucy* passou na televisão. O show *West Side Story* realizou testes em Washington D. C. e estreou na Broadway em setembro. O novo carro da Ford, o Edsel, saía da linha de montagem. A Guerra Fria com a Rússia começou e a frase "In God We Trust" [Em Deus confiamos] apareceu na moeda dos EUA. A primeira loja Toys 'R' Us foi aberta. Também naquele ano, a chamada gripe asiática matou cento e dezesseis mil norte-americanos. Aqui está o resumo completo do Centro de Controle de Doenças:

> Em fevereiro de 1957, um novo vírus influenza A (H2N2) surgiu no Leste Asiático, desencadeando uma pandemia ("Gripe Asiática"). Esse vírus H2N2 era composto por três genes diferentes de um vírus H2N2, originado de um vírus da influenza A aviária, incluindo os genes H2 hemaglutinina e N2 neuraminidase. Foi relatado, pela primeira vez, em Cingapura, em fevereiro de 1957, Hong Kong em abril de 1957 e em cidades costeiras dos Estados Unidos

---

[163] Dwight David Eisenhower (1890-1969), também conhecido como Ike. Foi o 34° presidente americano, de 1953 a 1961, seu vice foi Richard Nixon (1913-1994), futuro 37° presidente americano. (N. E.)

da América no verão de 1957. O número estimado de mortes foi de 1,1 milhão em todo o mundo e cento e dezesseis mil nos Estados Unidos[164].

Como a atual pandemia, havia um padrão demográfico para as mortes. Atingiu a população idosa com doenças cardíacas e pulmonares. Em uma reviravolta assustadora, o vírus também podia ser fatal para mulheres grávidas. A taxa de infecção foi, provavelmente, ainda maior do que a da gripe espanhola de 1918 (seiscentas e setenta e cinco mil norte-americanos morreram por causa disso), mas isso reduziu a taxa geral de letalidade para 0,67%[165]. Uma vacina foi disponibilizada no final de 1957, porém não foi amplamente distribuída. A população dos Estados Unidos na época era de cento e setenta e dois milhões, um pouco mais da metade da população atual. A expectativa de vida era de sessenta e nove anos, contra setenta e oito anos em 2020. Mesmo com vidas mais curtas, era uma população mais saudável, com menores taxas de obesidade. Para extrapolar os dados para um contrafactual, podemos concluir que este vírus era mais perverso do que a Covid-19 até agora.

Notável quando olhamos para trás, para 1957, é que nada foi fechado. Restaurantes, escolas, teatros, eventos esportivos, viagens — tudo continuou sem interrupção. Sem um ciclo de notícias de vinte e quatro horas, com milhares de agências de notícias e um bilhão de *sites* famintos por tráfego, a maioria das pessoas não se atentava a nada, além de manter a higiene básica. Foi coberto pela imprensa como um problema médico. A noção de que havia uma solução política nunca ocorreu a ninguém[166]. Novamente, foi uma gripe muito séria, e persistiu por dez anos até sofrer uma mutação, tornando-se a gripe de Hong Kong de 1968[167].

O *New York Times* tinha alguma, mas não muita, cobertura. Em 18 de setembro de 1957, um editorial aconselhou: "Vamos todos manter a cabeça fria

---

[164] CDC. n. d. "1957-1958 Pandemic (H2N2 virus)". *Centres for Disease Control and Prevention (CDC)*.
[165] WIKIPEDIA. "1957-1958 Influenza Pandemic". *Wikipedia*, 7 de maio de 2020.
[166] Um correspondente apontou para mim que "A Conferência Geral SUD de outubro de 1957 foi cancelada por causa da epidemia de gripe em 1957, e pode ter havido outras organizações que o fizeram". Sou grato pela correção, e isso deixa claro: a sociedade não ignorava a pandemia. Em vez disso, houve uma variedade de respostas inteligentes dependendo do risco. Especulo que este evento tenha incluído um bom número de pessoas na lista dos vulneráveis.
[167] Para mais, leia o capítulo intitulado, "Woodstock Aconteceu em Meio a Uma Pandemia".

diante da gripe asiática, à medida que as estatísticas sobre a disseminação e a virulência da doença começam a se acumular. Por um lado, vamos ter certeza de que o tipo de vírus da influenza A de 1957 é inócuo, como mostram os primeiros retornos, e que os antibióticos podem, de fato, controlar as complicações possíveis de se desenvolverem".

O mistério de por que hoje um grande número de governos em todo o mundo (mas não todos) esmagou economias, prendeu pessoas em prisão domiciliar, arruinou negócios, espalhou desespero, desconsiderou liberdades e direitos básicos exigirá anos — se não décadas — para ser resolvido. É o ciclo de notícias que está criando histeria em massa? Ambição política e arrogância? Um declínio na consideração filosófica da liberdade, como o melhor sistema para lidar com crises? Muito provavelmente, a resposta final será, mais ou menos, como o que os historiadores dizem sobre a Grande Guerra (Primeira Guerra Mundial): foi uma tempestade perfeita, ao criar uma calamidade que ninguém pretendia no início.

Por manter a calma e tratar a terrível gripe asiática de 1957 como um problema médico a ser abordado com inteligência médica, em vez de uma desculpa para desencadear brutalidade ao estilo medieval, esta primeira geração do pós-guerra merece nosso respeito e admiração.

CAPÍTULO 8

Woodstock aconteceu no meio de uma pandemia

Em minha vida, houve outra epidemia mortal de gripe nos Estados Unidos da América. A gripe se espalhou de Hong Kong para os EUA, chegando em dezembro de 1968, atingindo seu pico um ano depois. No final das contas, matou cem mil norte-americanos, a maioria com mais de sessenta e cinco anos e um milhão em todo o mundo.

A expectativa de vida nos Estados Unidos da América naquela época era de setenta anos, sendo de setenta e oito em 2020. A população era de duzentos milhões, em comparação com trezentos e vinte e oito milhões em 2020. Também era uma população mais saudável, com baixa obesidade[168]. Se fosse possível extrapolar os dados de mortalidade, com base na população e dados demográficos, poderíamos estar olhando, hoje, para um quarto de milhão de mortes por este vírus. Então, em termos de letalidade, foi tão mortal e assustador quanto a Covid-19, se não mais. Precisamos esperar para ver.

"Em 1968", diz Nathaniel L. Moir na revista *National Interest*, "a pandemia de H3N2 matou mais indivíduos nos EUA do que o total combinado de fatalidades norte-americanas durante as guerras do Vietnã e da Coreia"[169]. Isso aconteceu na vida de todo norte-americano com mais de cinquenta e dois anos de idade. Eu tinha cinco anos e não me lembro de nada disso. Minha mãe se lembra, vagamente, de ter cuidado e lavar as superfícies e de encorajar a mãe e

---
[168] WIKIPEDIA. "Graph: Obesity Rates of Adult Males, 1960-2015". *Wikipedia*, 2016.
[169] MOIR, Nathaniel L. "Move Over, Coronavirus: We Fought A Pandemic During the Vietnam War". *The National Interest*, 24 de abril de 2020.

Capítulo 8 | *Woodstock aconteceu no meio de uma pandemia*

o pai a tomarem cuidado. Caso contrário, estaria quase esquecido hoje. Por que isso?

Nada foi fechado à força. As escolas ficaram abertas a maior parte do tempo[170]. Negócios também. Você podia ir ao cinema. Você podia ir a bares e restaurantes. John Fund tem um amigo que relata ter assistido a um *show* do Grateful Dead[171]. Na verdade, as pessoas não se lembram, nem têm consciência, de que o famoso festival de Woodstock em agosto de 1969 — planejado em janeiro, durante o pior período de mortes — na verdade, ocorreu durante uma pandemia mortal de gripe norte-americana, que atingiu o pico, globalmente, apenas seis meses depois. Não se pensava no vírus que, assim como o nosso de hoje, era perigoso, principalmente, para um grupo demográfico que não ia a *shows*.

As bolsas de valores não quebraram. O Congresso não aprovou nenhuma legislação. O Federal Reserve não fez nada. Nem um único governador agiu para impor o distanciamento social, o achatamento de curvas (embora centenas de milhares de pessoas tenham sido hospitalizadas), ou a proibição de multidões. Nenhuma mãe foi presa por levar seus filhos para outras casas. Nenhum surfista foi preso. Nenhuma creche foi fechada, embora tenha havido mais mortes de bebês com este vírus do que com o que estamos experimentando agora. Não houve suicídios, nem desemprego, nem *overdoses* de drogas. A mídia cobriu a pandemia, mas nunca se tornou um grande problema.

Como Bojan Pancevski aponta no *Wall Street Journal*, "Em 1968-70, os meios de comunicação dedicaram atenção superficial ao vírus, enquanto treinavam suas lentes em outros eventos, como o pouso na lua, a guerra do Vietnã e a agitação cultural dos movimentos pelos direitos civis, protestos estudantis e a revolução sexual"[172].

---

[170] Uma versão anterior dizia que nenhuma escola havia fechado. Porém, um leitor me indicou um artigo acadêmico que diz "vinte e três [estados] enfrentaram o fechamento de escolas e faculdades", mas subentende que isso foi devido ao absenteísmo. Isso reforça ainda mais o quanto as pessoas estavam atentas no momento da doença; a prática de permanecer aberto foi uma escolha deliberada. Veja: JESTER, Barbara J., UYEKI, Timothy M. e JERNIGAN, Daniel B. "Fifty Years of Influenza A (H3N2) Following the Pandemic of 1968". *American Journal of Public Health*, 110(5), 2020: p. 669-676.

[171] FUND, John. "The Forgotten Hong Kong Flu Pandemic of 1968 Has Lessons for Today". *National Review*, 26 de abril de 2020.

[172] PANCEVSKI, Bojan. "Forgotten Pandemic Offers Contrast to Today's Coronavirus Lockdowns". *The Wall Street Journal*, 24 de abril de 2020.

As únicas ações que os governos tomaram foram coletar dados, observar e esperar, encorajar testes e vacinas, e assim por diante. A comunidade médica assumiu a responsabilidade primária pela mitigação das doenças, como era de se esperar. Presumiu-se amplamente que doenças requerem respostas médicas, não políticas. Não é como se tivéssemos governos relutantes em intervir em outras questões. Tínhamos a Guerra do Vietnã, bem-estar social, habitação pública, renovação urbana e a ascensão dos programas de saúde do governo norte-americano Medicare e do Medicaid. Tínhamos um presidente jurando curar toda a pobreza, analfabetismo e doenças. O governo era tão intrusivo quanto antes na história. Contudo, por alguma razão, ninguém pensou em fechamentos. O que levanta a questão: por que a Covid-19 era diferente? Passaremos décadas tentando descobrir isso.

Foi a diferença de termos a mídia de massa invadindo nossas vidas, com notificações infinitas, explodindo em nossos bolsos? Houve alguma mudança na filosofia de tal forma que agora pensamos ser a política responsável por todos os aspectos existentes da vida? Houve um elemento político aqui, em que a mídia tornou isso descontroladamente fora de proporção, como vingança contra o presidente Donald Trump e seus deploráveis? Ou nossa excessiva adoração por modelos preditivos saiu de controle, a ponto de deixarmos um físico, com modelos ridículos, amedrontar os governos do mundo, fazendo-os violar os direitos humanos de bilhões de pessoas[173]? Talvez todos esses fossem fatores. Ou talvez haja algo mais sombrio e nefasto em curso, como prefeririam os teóricos da conspiração. Independentemente disso, todos eles têm algumas explicações a dar.

A título de recordação pessoal, minha própria mãe e meu pai faziam parte de uma geração que acreditava ter desenvolvido uma visão sofisticada dos vírus. Eles entenderam que, quando as pessoas menos vulneráveis os contraíam, não apenas fortaleciam o sistema imunológico, mas também contribuíam para a mitigação de doenças ao alcançar a "imunidade de rebanho". Eles tinham um protocolo completo para fazer uma criança se sentir melhor por estar doente. Eu ganhava um "brinquedo de doente", sorvete ilimitado, Vick para esfregar no meu peito, um umidificador no meu quarto, e assim por diante. Eles

---

[173] MAGNESS, Phillip W. "How Wrong Were the Models and Why?". *American Institute for Economic Research*, 23 de abril de 2020.

Capítulo 8 | *Woodstock aconteceu no meio de uma pandemia*

sempre me parabenizavam por construir imunidade. Eles fizeram o possível para que ficasse feliz com os meus vírus, ao mesmo tempo, se esforçando para que eu os superasse.

Se usássemos os *lockdowns* do governo como usamos agora, Woodstock (que mudou a música para sempre, e ainda ressoa hoje) nunca teria ocorrido. Quanta prosperidade, cultura, tecnologia etc., estamos perdendo nesta calamidade? O que aconteceu entre então e agora? Houve algum tipo de conhecimento perdido, como aconteceu com o escorbuto, quando uma vez tínhamos sofisticação e, depois, o conhecimento se perdeu e teve que ser reencontrado[174]? Para a Covid-19, voltamos aos entendimentos e políticas de estilo medieval, mesmo no século XXI. É tudo muito estranho. O contraste entre 1968 e 2020 não poderia ser mais impressionante. Eles eram espertos. Somos idiotas. Ou, pelo menos, nossos governos são.

---

[174] HIGGINS, Chris. "How Scurvy Was Cured, then the Cure Was Lost". *MentalFloss*, 8 de março de 2020.

CAPÍTULO 9

Aquele tempo em que Jesus ficou de quarentena

A maioria de nós não percebia, até muito recentemente, que mácula notável é colocada sobre uma pessoa (ou povos inteiros) que sejam considerados doentes. Mesmo pessoas que tiveram o coronavírus e se recuperaram (como acontece com 99%) são hoje consideradas suspeitas e tratadas da maneira como imaginamos leprosos sendo tratados nos velhos tempos.

Os preconceitos têm sido irreais e as políticas baseadas nessas ações, extremas. Tudo começou com a proibição de voos vindos da China, depois da Europa, Reino Unido e Austrália, forçando o caos e a aproximação social em aeroportos por todo o país. Então, o separatismo chegou para casa. As fronteiras estaduais foram fechadas. Logo ficou ainda mais perto de casa. Próxima cidade? Fique longe. Próximo quarteirão? Fique longe. Vizinho de porta em meu condomínio? Fique longe da minha porta da frente. Nem mesmo cônjuges e filhos estão seguros. Todos fiquem longe de todos e se encharquem constantemente com um agente de limpeza.

Os observadores estão alertando que todas as fronteiras, não apenas as nacionais, estão endurecendo, assim como aconteceu durante e após a Segunda Guerra Mundial — com grande custo para a liberdade e a prosperidade. Quando você olha para o incrível medo, paranoia e repulsa desencadeados pelo coronavírus, tem um vislumbre do que deve ter sido um antigo hábito humano de suspeitar de outras pessoas transmitindo doenças. Há um poder notável nisso, especialmente se for apenas suspeita, boato, preconceito e difamação. Naturalmente, afetaria pessoas que são diferentes em outros aspectos: estrangeiro, idioma diferente, classe social diferente, grupo de renda diferente.

Capítulo 9 | *Aquele tempo em que Jesus ficou de quarentena*

J. Duncan M. Derrett (1922-2012) escreveu, em 1987, que a doença chamada lepra na *Bíblia* era associada com a revelação de um pecado oculto[175]. Qualquer suspeito de portá-la era banido do templo, não apenas por razões de controle de doenças, mas, ainda mais, para manter a pureza moral do espaço. Era comum que qualquer pessoa considerada pecadora fosse marcada com o rótulo de leproso, correta ou incorretamente. Ele, ou ela, seria forçado a buscar algum tipo de cura para poder ter acesso novamente e não ficar para sempre distanciado socialmente. Até então, qualquer pessoa que se aproximasse dele também era considerada impura. Eles foram forçados ao isolamento, podendo significar a morte física e emocional.

Então, como agora, o aparecimento de uma pandemia é um mecanismo perfeito para colocar as pessoas umas contra as outras e para que o poder cresça, com resultados chocantes. Ficará para sempre gravado nos anais da história que, em 2020, os próprios cristãos foram banidos de suas igrejas em todo o mundo — no domingo de Páscoa — por medo de doenças. Pensar sobre isso traz à mente esta passagem de São Marcos (Mc 1,40–45)[176].

> 40. Certo leproso aproxima-se de Jesus e suplica-lhe de joelhos: "Se for da tua vontade, tens o poder de purificar-me!"
> 41. Movido de grande compaixão, Jesus estendeu a mão e, tocando nele, exclamou: "Eu quero. Sê purificado!"
> 42. No mesmo instante toda a doença desapareceu da pele daquele homem, e ele foi purificado.
> 43. Em seguida Jesus se despede dele com forte recomendação:
> 44. "Atenta, não digas nada a ninguém; contudo vai, mostra-te ao sacerdote e oferece pela tua purificação os sacrifícios que Moisés prescreveu, para que sirvam de testemunho".
> 45. Contudo, assim que o homem saiu, começou a proclamar o que acontecera e a divulgar ainda muitas outras coisas, de modo que Jesus não mais conseguia entrar publicamente numa cidade, mas se via obrigado a ficar fora, em

---

[175] DERRETT, J. Duncan M. 1987. "No Stone upon Another: Leprosy and the Temple". *Journal for the Study of the New Testament*, 9(3): p. 3-20.
[176] DERRETT, J. Duncan M. 1987. "No Stone upon Another: Leprosy and the Temple". *Journal for the Study of the New Testament*, 9(30): p. 3-20.

lugares desabitados. Mesmo assim, pessoas de todas as partes iam ter com Ele[177].

Há outro problema com a designação "leproso". Os estudiosos não encontram evidências de nada que chamamos de lepra naquela época. Desde a década de 1950, historiadores médicos têm explicado isso, conforme resumido por E. V. Hulse, em 1975:

> A partir das evidências médicas, históricas e paleopatológicas, fica claro que a "lepra" bíblica não é a lepra moderna. Não há nenhuma indicação de que a doença, agora conhecida como lepra, estivesse presente no Oriente Próximo nos tempos do *Antigo Testamento*, e as descrições de "sara" não são aceitas por leprologistas experientes, como tendo qualquer relação com a lepra moderna[178].

O mesmo com o *Novo Testamento*: "Não só não há descrições clínicas de 'lepra' no *Novo Testamento*", escreve ele, "mas o uso da palavra 'lepra' é, em si, uma forte evidência de que a 'lepra' do *Novo Testamento* não era a lepra moderna". Pode ter sido uma erupção cutânea escamosa, ou pode ter sido algo que alguém acabou de dizer sobre outra pessoa, que é diferente. Quando há um boato de doença, todos são suspeitos. Se a suspeita recaísse sobre qualquer pessoa, era difícil escapar. As pessoas falam. As pessoas têm medo. Elas querem aquela pessoa longe da vista e do coração. Ontem, como hoje. Especialmente sem testagem!

Tudo isso para dizer que o homem confrontado por Jesus pode não ter tido nenhuma doença real, ainda assim, foi banido do templo por ser, em geral, impuro. Então, quando Jesus, *o Rabino*, o declarou limpo, ele pode tê-lo declarado como um ato de compaixão e amor. Contudo, Jesus também era um homem prático. Sugeriu que o homem, agora limpo, passasse por um ritual de limpeza. Ele também lhe implorou: por favor, não diga a ninguém que Jesus o tocou. O cara fez, mesmo assim. Opa!

---

[177] Tradução da Bíblia King James encontrada no seguinte site: <bibliaportugues.com/kja/mark/1.htm>. Acesso 23/03/2021. (N. R.)
[178] Marcos 1,40-45. Op. Cit.

Capítulo 9 | *Aquele tempo em que Jesus ficou de quarentena*

A próxima coisa que você sabe: "Jesus não podia mais entrar abertamente na cidade, mas estava em lugares desertos". Sim, você sabe como isso funciona. Você se aproximou de uma pessoa com corona que, provavelmente, está assim por ter tido contato com outra pessoa com corona. Então, essa pessoa se aproximou de você. Agora, de repente, você é suspeito. Quarentena de quatorze dias para você, amigo! A boa notícia é que, apesar da quarentena pela qual passou o sacerdócio de Jesus, "eles o procuravam de todos os lados".

Isso é totalmente articulado com tudo o que sabemos sobre o ministério de Jesus. As parábolas e sua narrativa de vida estão cheias de histórias de quebra de preconceitos, barreiras, mitos e paredes artificiais de tribos, religião, classe, gênero e lealdade política. Ele falou sobre o bom samaritano que ajudou um estranho. Ele lavou os pés dos pobres. Ele defendeu uma prostituta do apedrejamento. Ele disse a seus seguidores para orar pelos presos e, até mesmo, salvou a alma de um coletor de impostos. Da mesma forma, ele usou sua influência para remover o estigma da presença, ou boato de doença.

Nossos tempos nos lembram que ser chamado de doente é como outras formas de divisão social, separando as pessoas e tornando-as mais dependentes do poder. Isso leva as pessoas a temerem, odiarem e se separarem. Jesus também não abordou apenas esse tópico; Ele o viveu, mesmo sob pena de quarentena pessoal. Ele curou os leprosos simplesmente declarando-os limpos, o que significa ter lhes dado um passe para reingressar na sociedade[179]. Foi uma situação semelhante com Simão, *o Leproso*, com quem Jesus comia (Marcos 14, 3–9)[180]. Acontece que Simão não tinha lepra (bem, ninguém tinha, mas ele pode ter adoecido uma vez, o que lhe valeu o apelido vitalício, coitado), portanto, mesmo ficar bom não dá passe livre a uma pessoa que já ficou doente. Jesus, no entanto, não se importou: seu trabalho era enobrecer, não difamar.

Estamos aprendendo muito em nossos tempos. Pensávamos ter visto todas as desculpas concebíveis para o declínio da liberdade e o aumento do poder. Crise financeira, terrorismo, desigualdade, injustiça, discriminação, microagressões, apropriação cultural, globalismo — você escolhe, nós vivemos tudo isso. Cada vez que há uma crise, ouvimos a mesma coisa: você não pode ser livre; em vez disso, você deve obedecer. O que não vimos, nem vivemos, até

---

[179] Lucas 17. Op. Cit.
[180] WIKIA. "Simon the Leper". *Religion Wiki*, 2020.

agora, é a antiga tendência de destruir a cooperação social por meio do boato e da realidade, da doença. Jesus, no entanto, viu aquilo. Lidou com isso com compaixão, coragem moral e paciência. Que todos possamos viver e aprender.

CAPÍTULO 10

Nossos dez dias que abalaram o mundo

Jack Reed (1887-1920), o comunista norte-americano que foi enterrado no Kremlin, é autor do livro extremamente entusiasmante *Dez Dias que Abalaram o Mundo*[181]. É sobre a Revolução Bolchevique, testemunhada em primeira mão por ele, um grande fã, que terminou por ser uma de muitas de suas vítimas. Contudo, seu livro também é sobre qualquer época de espantosa convulsão. Tempos como o nosso, quando a história pode mudar em um instante e de uma maneira inesperada. Uma sociedade quase livre tornou-se totalmente planejada, sob o controle de uma elite, que reivindicou o manto da ciência.

Estamos vivendo algo semelhante. Os resultados foram igualmente decepcionantes. Tentamos "achatar a curva" para preservar a capacidade hospitalar. Porém, esta é apenas uma maneira elegante de dizer "prolongar a dor". Era uma forma de racionar o acesso aos serviços médicos, aparentemente necessário, dada a escoliose deste setor industrial altamente regulamentado. Contudo, a classe política e seus modeladores consideraram apenas um tipo de dor. Outras formas de dor já estão aqui, na forma de desemprego em massa, ondas de falências, desespero crescente, divisão social e raiva, uma classe política em pânico e uma fúria fervente por parte de milhões de pessoas — que, há muito tempo, acreditavam ter seu direito de trabalho e associação garantido — que, de repente, encontram-se em prisão domiciliar.

---

[181] REED, John. 1919. *Ten Days that Shook the World*. International Publishers: New York, NY.

Analisando minhas demonstrações financeiras pessoais dos últimos trinta dias, lembro-me de como esse pesadelo se desenrolou. Minha última viagem à velha (pré-*lockdown*) Nova York, foi em 12 de março de 2020. Eu estava com o cinegrafista do AIER, Taleed Brown. O vírus era assunto de todos, mas a cidade ainda não havia fechado. Havia menos carros na rua e metade do número habitual de pessoas andando. Os bares estavam lotados, cheios de gente às onze horas da manhã, com a sensação de que aquele poderia ser seu último drinque. Grupos de quatro e seis estavam sentados conversando e tentando comemorar aniversários. Faziam o melhor que podiam para fingir que as coisas estavam normais.

Contudo, as coisas não estavam normais. Eu estava lá para uma entrevista às quatro da tarde para a televisão, e tinha cinco horas para esperar por ela. Temia que o trem da Amtrak parasse de funcionar, antes de podermos pegá-lo para casa. Estaríamos presos. Assim, os minutos se passaram como horas. Taleed e eu sentamos lá, comendo e bebendo. Porém, mesmo no Irish Pub, as coisas eram diferentes. Havia toalhas de mesa de papel onde costumava haver madeira exposta. Nossa garçonete ficou longe e colocou nossas bebidas e comida na mesa ao nosso lado. Tinha uma expressão de desgraça iminente em seu rosto, ao se confrontar com duas possibilidades desastrosas: ficar doente e ter o bar fechado.

Quanto tempo a doença progrediu até aquele ponto? O primeiro caso de Covid-19 nos Estados Unidos da América foi relatado em 20 de janeiro de 2020, no estado de Washington[182]. Ninguém sabia quantos outros casos já estavam se espalhando pelo Nordeste dos EUA. Milhares? Milhões? Muitos casos não apresentam sintomas. Outros parecem um pequeno resfriado. Outros ficam acamados por alguns dias. Você conta aos outros, e faz o teste toda vez que se sente mal? Não. O vírus já podia estar em toda parte em Nova York, quando eu estava lá.

A entrevista finalmente veio e nós corremos para a estação de trem para chegar em casa o mais rápido possível. Estávamos carregando infecção? Eu não fazia ideia. Não havia como descobrir. Mesmo depois de todo esse

---

[182] HOLSHUE, Michelle L., DEBOLT, Chas e LINDQUIST, Scott, *et al.* "First Case of 2019 Novel Coronavirus in the United States". *The New England Journal of Medicine*, 5 de março de 2020, 382: p. 929-936.

tempo, ainda não há testes generalizados fora dos hospitais. Se a CVS oferecesse o teste, haveria uma fila no quarteirão. O desastre fatídico do CDC/FDA, que frustrou a criação e distribuição de testes, ainda está presente em nossas vidas[183]. Ainda não sabemos. Incrível.

Depois daquele dia em Nova York, nossos mundos começaram a ser fechados. No dia seguinte, uma emergência nacional foi declarada. Em seguida, o CDC recomendou não realizar encontros de cinquenta pessoas, ou mais. França em *lockdown*. Fronteiras fechadas. Então, o cenário impensável se desenrolou: lojas fechadas, fronteiras fechadas, ordens de permanência em casa impostas pela polícia, desemprego em massa, falência familiar, depressão psicológica, uma nação de prisioneiros em nossas casas. "Assustador" não descreve o que foi isso. Nenhuma pessoa nos EUA imaginou que fosse possível, e estou falando como uma pessoa que avisou sobre quarentenas em 27 de janeiro de 2020. Naquela época, escrevi o seguinte:

> Lembre-se de que não é o governo quem descobre a doença, trata a doença, impede os pacientes enfermos de vagar, ou de outra forma obriga os doentes a se manterem em seus leitos. Instituições fazem isso, instituições que fazem parte da ordem social e não são exógenas a ela.
> Os indivíduos não gostam de deixar os outros doentes. As pessoas não gostam de ficar doentes. Diante disso, temos um mecanismo realmente funcional. A sociedade tem capacidade e poder próprios para produzir resultados semelhantes aos da quarentena, sem apresentar o risco de o poder da quarentena do Estado ser usado e abusado para fins políticos[184].

Contudo, a classe política nos Estados Unidos da América (ao contrário da Suécia e da Coreia do Sul) não confiava na sociedade[185]. Oh, com certe-

---

[183] THIERER, Adam. "How the US Botched Coronavirus Testing". *American Institute for Economic Research*, 12 de março de 2020.
[184] TUCKER, Jeffrey A. "Must Government Save Us from the Coronavirus?" *American Institute for Economic Research*, 27 de janeiro de 2020.
[185] BOOK, Joakim. "What Sweden Has Done Right on Coronavirus". *American Institute for Economic Research*, 31 de março de 2020; EARLE, Peter C. "South Korea Preserved the Open Society and Now Infection Rates are Falling". *American Institute for Economic Research*, 12 de março de 2020.

za, confiava-se na sociedade para se adaptar à mais surpreendente série de diretrizes, encargos e mudanças na história moderna. Toda a estrutura industrial foi maciçamente contorcida, distorcida e violentamente atacada. Ainda assim, os supermercados e farmácias, além de todos os seus fornecedores, mostraram-se incrivelmente adaptáveis. As pessoas se tornaram especialistas em distanciamento e milhões aprenderam sobre trabalho remoto e encontros digitais.

As elites políticas e seus planos para nós simplesmente presumiam que a sociedade seria capaz disso. E eles estavam certos. Porém, se a sociedade podia atingir esse nível de agitação no curso de uma semana, teria sido também muito capaz de lidar com uma doença em si — ouso sugerir, lidaria com a doença melhor do que políticos jamais poderiam. Precisamente por isso, oitocentos profissionais médicos sérios imploraram e imploraram para impedir o *lockdown* antes que acontecesse[186].

O problema que eu tive desde o início com todo esse planejamento central para nivelar a curva — não podemos saber se está acontecendo, muito menos, por quê, simplesmente porque não temos dados, nem um teste claro de causa e efeito — é que os planos centrais nunca funcionaram. Eles têm custos imensamente altos, de maneira que os modelos não podem prever[187]. Enquanto isso, os profissionais médicos descobriram características distintas desta doença, que deveriam reger decisões políticas[188]. Mesmo após o *lockdown*, alguns políticos começaram a duvidar[189]. "Se você repensasse isso, ou tivesse tido tempo para analisar essa estratégia de saúde pública", disse Andrew Cuomo, governador de Nova York, "não sei se você diria 'coloque todos em quarentena'. Nem sei se essa foi a melhor política de saúde pública". Então, já era tarde demais.

Contudo, voltemos a Jack Reed e seus sonhos para um mundo comunista, começando com a Rússia. Recentemente, assisti novamente ao filme *Reds*

---

[186] STRINGHAM, Edward Peter. "800 Medical Specialists Caution against Draconian Measures". *American Institute for Economic Research*, 24 de março de 2020.
[187] LUTHER, William J. "More Sensational Reporting on COVID-19 Estimates". *American Institute for Economic Research*, 27 de março de 2020.
[188] TUCKER, Jeffrey A. "With Knowledge Comes Calm, Rationality, and, Possibly, Openness". *American Institute for Economic Research*, 5 de abril de 2020.
[189] TUCKER, Jeffrey A. "We Were Wrong: So Sorry that We Ruined Your Life". *American Institute for Economic Research*, 28 de março de 2020.

(1981)[190]. Depois de todos esses anos, o filme se apresenta como um dos retratos mais intelectualmente interessantes e visualmente poderosos da história perdida que já vi. O filme é estrelado por Warren Beatty no papel de John Reed, enquanto Diane Keaton interpreta sua namorada, e eventual esposa, Louise Bryant. Inclui algumas das melhores cenas de luta romântica que já vi, até porque elas são paralelas às vidas reais de Beatty e Keaton. Os retratos de figuras como Max Eastman (1883-1969), Eugene O'Neill (1888-1953) e Emma Goldman (1869-1940) são muito convincentes[191].

Em termos de cultura e política, o filme oferece uma educação mais rica do que você pode obter em cinquenta livros sobre o tema da Era Progressista, a Grande Guerra, a Revolução Russa e a mistura inebriante de questões culturais entrelaçadas, como sufrágio feminino, controle de natalidade, aborto, amor livre e o início do movimento socialista organizado nos Estados Unidos da América.

Nunca fui simpático aos bolcheviques, em comparação com o antigo regime na Rússia, mas as cenas da revolução aqui são completamente inspiradas. Elas tocam o coração de qualquer um que concorde com [o terceiro presidente norte-americano Thomas] Jefferson (1743-1826) sobre a necessidade positiva de revolução de tempos em tempos. Os retratos de Lenin (1870-1924) e Trotsky (1879-1940) parecem emocionantemente autênticos.

A sensação de estar assistindo à coisa real é reforçada pelas extensas entrevistas com pessoas que realmente conheciam Reed e Bryant. Todos eles têm opiniões fortes. Eles são sábios. Eles são perspicazes. Ouvimos comunistas e anticomunistas, *socialites* e políticos, filósofos da classe trabalhadora e acadêmicos credenciados. É uma bela mistura.

De uma perspectiva política, o filme oferece um julgamento de reviravolta devastador sobre os resultados da revolução. Emma Goldman tenta convencer Reed a fazer algo sensato nos anos seguintes, e explica que milhões morreram de fome, nada funciona direito, e a vanguarda do proletariado se tornou um Estado policial centralizado. Reed não quer ouvir. A revolução socialista requer terror, assassinato e pelotões de fuzilamento, explica ele. Aqui está a troca com a atriz Maureen Stapleton, que interpreta Emma Goldman:

---

[190] BEATTY, Warren. *Reds*. Dirigido por Warren Beatty. EUA: Paramount Pictures, 1981.
[191] FEE. n.d. "Max Forrester Eastman". *Foundation for Economic Education*.

Goldman: "Jack, precisamos enfrentar isso. O sonho que tivemos está morrendo. Se o bolchevismo significa os camponeses tomando as terras, os trabalhadores tomando as fábricas, então, a Rússia é o único lugar onde não há bolchevismo".

Reed: "Sabe, posso discutir com a polícia. Posso lutar com generais. Não posso lidar com um burocrata".

Goldman: "Você acha que Zinoviev não é nada pior do que um burocrata. Os soviéticos não têm autonomia local. O Estado central tem todo o poder. Todo o poder está nas mãos de alguns homens e eles estão destruindo a revolução. Eles estão destruindo qualquer esperança de um verdadeiro comunismo na Rússia. Eles estão colocando pessoas como eu na prisão. Minha compreensão da revolução não é um extermínio contínuo de dissidentes políticos. E eu não quero participar disso. Todos os jornais foram fechados, ou são controlados pelo Partido. Qualquer um, mesmo vagamente suspeito de ser um contrarrevolucionário, pode ser retirado e fuzilado, sem julgamento. Onde isso termina? É algum pesadelo justificável para se defender da contrarrevolução? O sonho pode estar morrendo na Rússia, mas eu não estou. Pode demorar um pouco, mas estou saindo".

Reed: "Você parece um pouco confusa sobre a revolução em ação, EG. Até agora, você lidou com isso apenas em teoria. Como você achava que essa coisa seria? Uma revolução por consenso, onde todos nós nos sentaríamos e concordaríamos tomando uma xícara de café?"

Goldman: "Nada funciona! Quatro milhões de pessoas morreram no ano passado. Não por causa da guerra, eles morreram de fome e tifo, em um Estado policial militarista que suprime a liberdade e os direitos humanos — onde nada funciona!"

Reed: "Eles morreram por causa do bloqueio francês, britânico e americano, que cortou todos os alimentos e suprimentos médicos. E os contrarrevolucionários sabotaram as fábricas, as ferrovias e os telefones. E as pessoas, as pessoas

Capítulo 10 | *Nossos dez dias que abalaram o mundo*

pobres, ignorantes, supersticiosas e analfabetas, estão tentando administrar as coisas elas mesmas, como você sempre disse que deveriam, mas ainda não sabem como administrá-las. Você, honestamente, achou que as coisas iriam funcionar imediatamente? Você esperava honestamente que a transformação social fosse outra coisa senão um processo assassino? É uma guerra, EG, e temos que lutar como se fosse uma guerra: com disciplina, com terror, com pelotões de fuzilamento. Ou, simplesmente, desistimos".

Goldman: "Esses quatro milhões não morreram lutando uma guerra. Eles morreram de um sistema que não pode funcionar".

Reed: "É apenas o começo, EG. Não está acontecendo como pensávamos. Não está acontecendo da maneira que queríamos, mas está acontecendo. Se você desistir agora, o que significa toda a sua vida?"

E aqui chegamos a entender algo da estranha mente do dedicado ideólogo comunista, tão dogmático em sua adesão a um credo, que nada pode abalar sua fé. Nem mesmo a morte de milhões e milhões de pessoas. Suas dúvidas sobre a Revolução e o Partido Comunista só se cristalizam quando um de seus discursos é editado. Então, ele pode fechar os olhos ao holocausto, mas uma violação de sua liberdade de falar torna-se um ato intolerável. Que bússola moral!

A história toda faz um paralelo interessante com nossos próprios tempos. Os modelos preditivos estéreis de quantos morreriam de Covid-19 pareciam ciência, mas sua gama de previsões os tornava inúteis na prática. Seria como uma previsão do tempo que dizia: ou sua casa irá inundar completamente, ou haverá uma garoa leve, dependendo de você fazer a seguinte dança Kabuki. Ainda assim, a mídia uivou e os políticos agiram de maneiras extremas para proteger sua posição perante os eleitores (ou assim acreditavam então).

O que eles não haviam considerado eram várias possibilidades: os modelos não eram preditivos, o achatamento da curva prolonga a dor. A Covid-19 não aparece espontaneamente só porque as pessoas estão em grupos, nada que diga respeito a ficar em casa vai fazer o vírus ficar entediado e ir embora. Os custos do desemprego e da falência são surpreendentemente altos, o fechamento de escolas coloca pessoas mais velhas vulneráveis em contato direto com crianças que não sofrem os efeitos da infecção e toda a reação foi baseada na presunção de que os direitos humanos e a Constituição não importam. Foi brutal, irracional, medieval e evitou os conselhos das melhores e mais eruditas mentes em epidemiologia. Eles criaram loucura e destruição e chamaram de saúde.

No final disso, ainda haverá Goldmans e Reeds, pessoas que admitem erros enquanto outros continuarão com suas armas. Mentes humildes perceberão existirem maneiras melhores enquanto tolos arrogantes continuarão a gritar que colocar o mundo em chamas era tudo o que se podia fazer.

Os Goldmans dirão: milhões sofreram, não com o vírus, mas com a resposta ao vírus. Enquanto isso, descartamos todos os princípios da decência humana, liberdade, propriedade e ciência.

Os Reeds dirão: não aconteceu como pensávamos, mas aconteceu. Se você rejeitar agora, qual terá sido o significado de toda a sua vida?

PARTE IV | A ESPERANÇA

CAPÍTULO 1

A América redescobre a empatia

Desde os primeiros dias do *lockdown*, ficou claro que esta crise não nos faria "nos unirmos" e sermos "pessoas melhores". Não seria como o Onze de Setembro. Em vez disso, destruiria nossas vidas e nos tornaria pessoas piores. Nós nos voltaríamos uns contra os outros, nos envolveríamos em atos dramáticos, machucando e prejudicando as pessoas de quem gostamos e amamos. Empurraríamos nossas agendas políticas acima dos valores humanos básicos. Cachorros comendo cachorros, adequado para pessoas sendo forçadas e violentadas como se fossem animais.

A intervenção massiva do Estado desencadeia todos os tipos de inferno. Este é um deles. Um exemplo aqui foi a chocante falta de empatia demonstrada pelas pessoas em relação à situação dos outros, ao longo desses meses. Alguns me disseram que "os *lockdowns* têm sido muito bons" para eles — porque são pessoas que ficam em casa, têm um emprego legal em tecnologia, ou o que quer que seja. Portanto, para eles, toda a raiva sobre os *lockdowns* seria completamente exagerada. Eles tentaram passar isso como algo bom para os outros e, até mesmo, o governo lhes concedeu pontos por ficarem em casa.

Que tal um pouco de empatia com os garçons, atores, músicos, atletas, funcionários de hotéis e de companhias aéreas e todos os técnicos associados a todas as indústrias afetadas, que viram enormes perdas financeiras e de empregos? Nem uma lágrima vertida pelo pequeno empresário destruído. Nenhuma preocupação com os pais, cujas escolas dos filhos fecharam. E quem poderia se importar com os milhões fora de suas igrejas na Páscoa?

Aparentemente, há toda uma classe de pessoas por aí, entusiasmadas em trabalhar em seus pijamas e que esperam o mundo entregar a elas comida, bebida, eletricidade, música e *Internet* de alta velocidade, desde que os outros estejam lá fora, se esforçando para fazer tudo acontecer. Eles olharam para os protestos contra o *lockdown* e disseram: "Ei, eles deveriam ficar em casa e serem heróis como eu! Qual é o problema dessas pessoas"? Certamente, a maioria dos repórteres da mídia convencional parecia ter essa opinião. Os manifestantes de então eram bandidos, enquanto os complacentes, que ficavam em casa, seriam os mocinhos. O oposto, eu sugeriria, está mais próximo da verdade: eram os manifestantes que demonstravam empatia pelos outros e também coragem moral diante dos ataques da mídia.

Ficar em casa nessa época, como algum aristocrata da corte francesa do século XVIII, zombando daqueles que estavam fazendo o bem — exercendo suas liberdades e direitos, para ajudar outros a recuperá-los — sugere uma visão de mundo sombria, quase patológica. Mostra uma visão fundamentalmente antissocial de egoísmo e desrespeito pelos milhões (e bilhões) que tanto sofreram com as paralisações coercitivas. Em primeiro lugar, você vê a mesma falta de preocupação com os outros nos modelos que impulsionaram os fechamentos. Eles trataram os seres humanos como nada além de dados para manipular e, em seguida, criaram *slogans* para nos fazerem obedecer.

Uma base muito importante da civilização é a capacidade de um povo vincular sua felicidade pessoal à consciência da possibilidade de felicidade dos outros, também. A injustiça e a opressão sistemáticas deveriam nos perturbar e nos inspirar a fazermos algo a respeito. Os fechamentos obrigatórios e a divisão viciosa entre pessoas essenciais e não essenciais, equivaliam a isso. Por isso, os protestos de George Floyd[192] — não os tumultos, mas os protestos — foram tão importantes para escaparmos dessa indiferença imoral pela situação dos outros. Nesse momento, os norte-americanos finalmente redescobriram sua capacidade de empatia após seis meses em que esta lhes foi extirpada. Olhamos para o joelho do policial no pescoço do homem e, embora o elemento racial

---

[192] George Floyd (1973-2020) foi um afro-americano que morreu asfixiado durante uma abordagem policial em Minneapolis, 25 de maio de 2020. Durante a pandemia de Covid-19, sua morte foi transformada em símbolo de protesto contra o racismo e a violência contra os negros norte-americanos por todo o país.

Capítulo 1 | *A América redescobre a empatia*

aqui seja muito óbvio, a opressão nas mãos dos governantes é uma experiência universal. Poderia ter sido qualquer um de nós.

Às vezes, experimentar a injustiça é o caminho mais direto para compreender o que os outros estão passando. Minha primeira experiência ao ser preso (por nada) e jogado atrás das grades colocou minha própria paixão pela emancipação de todos em alta velocidade. Depois disso, escrevi sobre o tema liberdade com um novo fogo. Foi a coisa mais influente que aconteceu na minha idade adulta.

O mesmo ocorre com milhões de pessoas. Os *lockdowns* lhes deram uma nova consciência do poder desproporcional dos políticos e do Estado policial. Não será esquecido. Provavelmente, mudará este país por décadas. Com certeza, para muitas pessoas, esses protestos são apenas a coisa *fashion* a se fazer, apenas outra forma de sinalizar a virtude. Quanto a isso, eu diria: na verdade, é uma virtude se preocupar com alguém além de você; sentir dor na presença do sofrimento, mesmo não sendo contra você; dar de seu tempo e energia, para tornar o mundo um lugar menos violento e do interesse de todos.

Para todas as pessoas que se sentiram tão "virtuosas" em ficar em casa e zombar daqueles que odiavam o *lockdown*, eu diria que isso não é virtuoso. É assustador e perigoso. Finalmente, estar nas ruas, cuidando dos outros, enquanto exercemos nossos direitos; isso está realmente nos tornando pessoas melhores. Também somos pessoas melhores se celebrarmos os proprietários de negócios que sobreviveram a esse inferno, parabenizarmos todos que não ficaram, ou não puderam "ficar em casa", enquanto lançamos calúnias sobre qualquer político que continue a manter as restrições em vigor.

Ter empatia, sugere Adam Smith, é um princípio fundamental da vida e a base para ser uma boa pessoa.

> Por mais egoísta que se supõe ser o homem, há evidentemente, alguns princípios em sua natureza que o fazem se interessar pela fortuna dos outros, e tornam sua felicidade necessária para ele, embora ele não tire nada disso, exceto o prazer de vê-la... Como não temos experiência imediata do que outros homens sentem, não podemos formar nenhuma ideia da maneira como eles são afetados, mas podemos conceber o que nós mesmos deveríamos sentir na situação.

Com a reabertura e com os protestos de rua em todo o país, estamos redescobrindo o significado de ter empatia pelos outros e expressar isso com ousadia. Oxalá o tivéssemos feito há seis meses, também. Talvez, de alguma forma, precisássemos passar por esse tempo para experimentar o tipo de mundo no qual não queremos viver — fechado, frio, cruel — e lembrar o que queremos para nós mesmos e para o país: ser gente boa, que cuida dos outros, e demonstra isso sob o sol quente da liberdade.

CAPÍTULO 2

Pandemias e o caminho liberal

Os registros mostram que a economia global não entrou em colapso por causa da pandemia da Covid-19. Colapsou porque os governos ao redor do mundo, por meio de um processo surpreendente e grosseiramente irresponsável de uso de poder coercitivo, esmagaram negócios e cadeias de abastecimento.

Bilhões de pessoas foram, repentinamente, forçadas à prisão domiciliar. O governo decidiu o que era essencial e não essencial, e as reuniões de pessoas foram regulamentadas ao extremo. Assim, vivemos com os resultados catastróficos. Não é uma grande depressão. É uma grande supressão [193]. O governo decidiu um dia, repentinamente, demolir os próprios alicerces da modernidade liberal. E, certamente, conseguiram isso.

Mas eles salvaram vidas? Os estatísticos não conseguem encontrar nenhuma diferença excessiva de mortalidade entre os países que fizeram *lockdown* e aqueles que não o fizeram — assim como não há relação entre uma dança que eu faço e se chove. Governos em todo o mundo embarcaram em uma grande experiência de controle social, com base em teorias não comprovadas e usando métodos não testados. Aparentemente, nenhum bem foi alcançado por qualquer governo, em termos de mitigação de doenças. Ficamos com uma prosperidade destruída e vidas arruinadas — além de uma enorme perda de confiança nas soluções do setor público em todo o mundo.

---

[193] EPSTEIN, Gene. "Anatomy of the Great Suppression". *American Institute for Economic Research*, 9 de abril de 2020.

É a pior política da Era Moderna. Agora, estamos ouvindo de especialistas que a pandemia, de alguma forma, mostra o fracasso do liberalismo. Esta é uma conclusão singularmente bizarra, acredito. Não foram os mercados que falharam, mas os governos. Mercados, quando autorizados a existirem, deram-nos comida, abrigo e cuidados médicos durante os piores momentos. As bolsas de valores continuaram a funcionar e nos fornecem informações cruciais sobre recursos e avaliações. Isso é um triunfo, não um fracasso.

Talvez a afirmação sobre o fracasso do liberalismo seja baseada na crença de que uma sociedade livre não pode lidar com pandemias. Na verdade, no decorrer do século XX, tivemos vários incidentes durante os quais a doença foi muito bem tratada no contexto da liberdade. Os profissionais médicos começaram a trabalhar e abrigar os vulneráveis, enquanto mitigavam doenças por meio de métodos científicos. O Estado permaneceu completamente de fora em 1949-52, 1957-58, 1968-69, 2006 e 2009. Por qual motivo tomamos um caminho diferente em 2020, é um mistério. Apesar de tudo, foi um erro enorme.

O grande médico Donald Henderson (1928-2016) foi o responsável pela erradicação da varíola em todo o mundo. Ele era o maior especialista vivo em pandemias. Sua visão sobre quarentenas, restrições às viagens, fechamento de escolas e restrições à liberdade era 100% negativa[194]. Seu princípio era que nada deveria ser feito para interromper o funcionamento normal da comunidade. Qualquer coisa feita pelo governo para restringir a liberdade das pessoas, por meio de coerção, corre o risco de transformar uma pandemia controlada em uma "catástrofe".

Aconteceu exatamente isso. O mundo vai pagar o preço por décadas. Isso não é culpa do liberalismo. É culpa da terrível tomada de decisões em todos os níveis da sociedade em todo o mundo, com a possível exceção da Coreia do Sul, Suécia, Japão e um punhado de outros países. Este não é um momento para mais controle do governo. É hora de olhar novamente para os fundamentos da modernidade e dos direitos humanos e, mais uma vez, acreditar neles e praticá-los.

---

[194] INGLESBY, Thomas V., NUZZO, Jennifer B., O'TOOLE, Tara e HENDERSON, Donald A. "Disease Mitigation Measures in the Control of Pandemic Influenza". *Biosecurity and Bioterrorism: Biodefense Strategy, Practice, and Science*, 4(4), 2006: p. 366-375.

Quanto à doença, ninguém quer ficar doente. Ninguém quer deixar os outros doentes desnecessariamente. Se entendermos essas duas verdades, teremos a base para entender como uma sociedade livre pode lidar, de forma inteligente, com a presença de doenças. As pessoas se adaptam e aprendem. Os profissionais começam a trabalhar com terapias e a encontrar curas. Como exatamente os governos podem contribuir para este processo, não está claro.

O economista F. A. Hayek passou a vida inteira mostrando que o conhecimento essencial necessário, para fazer a sociedade funcionar e prosperar, reside nas mentes dos atores individuais. O governo não é mais inteligente do que a sociedade. Nada se ganha fingindo o contrário.

Agora é necessária, mais do que nunca, uma restauração imediata do livre comércio, da livre iniciativa, da liberdade de movimento, dos direitos comerciais e dos direitos humanos. É uma verdade difícil para os governos admitirem agora, mas eles falharam, em todo o mundo. Eles precisam admitir isso e nos deixar em paz para restaurarmos a prosperidade e a saúde[195].

---

[195] CARDEN, Art. "We Don't Need One Big Plan to End the Lockdown". *American Institute for Economic Research*, 15 de maio de 2020.

CAPÍTULO 3
Haverá reações boas

Em fevereiro, era obrigatório, na minha mercearia local, usar apenas sacolas de compras trazidas de casa. Sacolas plásticas eram ilegais, pela Legislação local. Então, o vírus apareceu. De repente, o oposto era verdade. Era ilegal trazer sacolas de casa, porque podiam espalhar doenças. Os sacos plásticos eram obrigatórios. Como um grande fã de sacolas plásticas, experimentei uma profunda *schadenfreude* (alegria maliciosa). É incrível como a perspectiva da morte esclarece as prioridades.

Antes do vírus, nos entregávamos a todo tipo de luxos, como brincar com a sujeira e imaginar um mundo purificado pela naturalidade bucólica. Contudo, quando o vírus apareceu, de repente, percebemos a importância real de uma vida saudável e que as coisas naturais podem ser muito perversas. Então, quando o governo colocou todos em prisão domiciliar, criminalizando a própria liberdade, percebemos muitas outras coisas também. E as percebemos rapidamente.

Muitas pessoas estão prevendo como a vida mudará, fundamentalmente, à luz de nossa experiência coletiva no último mês. Eu concordo, mas não acho que vai acabar como as pessoas pensam. Todo esse período foi um trauma inescrupuloso para bilhões de pessoas, destruindo vidas muito além do que mesmo o pior vírus poderia atingir. Estou detectando níveis enormes e insondáveis de fúria pública, logo abaixo da superfície. Não vai ficar sob a superfície por muito tempo.

Nossas vidas, nos próximos anos, serão definidas por formas de reação, na esteira da doença e da resposta política grave, como um corretivo muito necessário. De fato, você não pode tirar os direitos de todos, colocar um povo inteiro em prisão domiciliar e abolir o Estado de Direito, sem gerar uma resposta para isso no futuro.

Capítulo 3 | *Haverá reações boas*

1. Reação contra a mídia

Sou fã de longa data do *New York Times*. Zombe se quiser, mas há muito admiro suas reportagens, seu profissionalismo, sua mão firme, seu primeiro rascunho de história, embora não compartilhe da tendência política de centro--esquerda do jornal.

Algo sobre esse vírus fez com que o jornal saísse completamente dos trilhos. No início de março, eles começaram a noticiar como se fosse a Peste Negra, sugerindo não apenas o fechamento de escolas e empresas, mas, na verdade, pedindo uma política totalitária completa[196]. Foi chocante e totalmente absurdo. O cara que escreveu esse artigo é formado em retórica por Berkeley e, no entanto, estava dando as cartas em toda a resposta do jornal à doença, em nível nacional. Eles chegaram a falsificar datas em seus relatórios, manipulando a linha do tempo (chamei a atenção deles em um caso em questão; o jornal fez a alteração, mas nunca admitiu o erro)[197].

Nos próximos dias e semanas, tenho certeza, o jornal reduzirá todas essas tolices, assim como fizeram com a certeza da vitória da candidata democrata à presidência norte-americana, Hillary Clinton, durante as eleições de 2016. Na verdade, eles começaram a admitir: o vírus já estava espalhado nos meses anteriores ao *lockdown* (sugerindo que quase tudo escrito pelo jornal, desde março, está errado)[198]. Contudo, será tarde demais. Eles carregam alguma culpa moral pelo acontecido ao nosso país.

De qualquer forma, não quero criticar o *Times* sozinho; a mídia tem estado quase sempre em sintonia quanto à necessidade de *lockdown*, alegando ser esse vírus universalmente letal para todos. Você pode ler em vários lugares opiniões alternativas de especialistas[199].

---

[196] MCNEIL, Donald G. Jr. "To Take On the Coronavirus, Go Medieval on It". *The New York Times*, 28 de fevereiro de 2020.
[197] TUCKER, Jeffrey A. "This is a very good piece by @amy_harmon but she gets the date wrong on Fauci's NEJM editorial…" *Twitter*, *tweeted* 17 de abril de 2020.
[198] CAREY, Benedict e GLANZ, James. "Hidden Outbreaks Spread Through U.S. Cities Far Earlier Than Americans Knew, Estimates Say". *The New York Times*, 23 de abril de 2020.
[199] ATLAS, Scott W. "The Data is In-Stop the Panic and End the Total Isolation". *The Hill*, 22 de abril de 2020; REILLY, Wilfred. "There is no empirical evidence for these lockdowns". *Spiked*, 22 de abril de 2020; TOI STAFF. "Top Israeli Prof Claims Simple Stats Show Virus Plays

Depois de se familiarizar com a história real aqui, com a voz de autoridades, você liga a Fox, CNN, NYT, CNBC e todo o resto (o WSJ foi um pouco melhor) e não ouve nada sobre nada disso. Eles apenas publicam contos[200]. As pessoas coladas à televisão quase não têm ideia do básico; como, por exemplo, há quanto tempo o vírus está aqui, como é gigante o denominador que compõe a taxa de fatalidade, quantas pessoas têm sintomas zero de modo a não ser nem um incômodo, a verdadeira composição demográfica da população vítima e a improbabilidade de que muitas dessas mortes seriam evitáveis por meio de qualquer política.

Assistindo a esse desfile nojento de ignorância movida pela mídia, especialistas genuínos, ou mesmo pessoas curiosas sobre os dados, ficaram desmoralizados. Certamente, muitas pessoas já pararam de ouvir as notícias por completo, porque nada mais são do que uma distração da realidade de campo.

Por que e como isso aconteceu? Uma resposta óbvia parece simples demais: a mídia quer as pessoas em casa, assistindo à televisão. Talvez seja só isso. Contudo, parece quase cínico demais para ser a explicação completa. De qualquer forma, não sou o único a perceber isso. Duvido seriamente que a credibilidade da grande mídia sobreviva a isso. Haverá uma reação negativa. Muito necessária!

2. *Reação contra os políticos*

Você se lembra, não é, que governadores e prefeitos impuseram os *lockdowns*, sem nunca perguntarem a seus cidadãos suas opiniões a respeito da eliminação instantânea de todos os direitos e liberdades. Eles não consultaram

---

Itself out after 70 Days". *Times of Israel*, 14 de abril 2020; ELLYAT, Holly. "Sweden Resisted a Lockdown, and its Capital Stockholm is Expected to Reach 'Herd Immunity' in Weeks". *CNBC*, 22 de abril de 2020. "Why a Study Showing that Covid-19 is Everywhere is Good News". *The Economist*, 11 de abril de 2020; UNHERD. "Why Lockdowns are the Wrong Policy — Swedish Expert Prof. Johan Giesecke". *YouTube*, 17 de abril de 2020; PATERLINI, Marta. "'Closing Borders is Ridiculous': The Epidemiologist Behind Sweden's Controversial Coronavirus Strategy". *Nature*, 21 de abril de 2020.

[200] MAGNESS, Phillip W. "Now It's Obvious: The Political Class and the Media are Spinning Tales". *American Institute for Economic Research*, 14 de abril de 2020.

legislaturas. Não consultaram uma série de opiniões de especialistas, tampouco prestaram atenção a quaisquer dados demográficos sérios, que mostravam como era absurdo forçar populações não vulneráveis à prisão domiciliar enquanto prendiam populações vulneráveis em lares de idosos, tornados campos de morte encharcados de Covid-19.

Não hesitaram em abalar a confiança empresarial, violar direitos contratuais, destruir dezenas de milhões de vidas, proibir a liberdade de associação, afundar a bolsa de valores, estourar todos os orçamentos, fechar viagens internacionais e até fechar igrejas. Surpreendente. Todos os executivos do governo, exceto alguns, se tornaram ditadores de segunda classe.

A primeira dica da possível reação veio de Henry Kissinger, que alertou no *Wall Street Journal*, em 3 de abril de 2020[201]: "As nações se tornam coerentes e prosperam na crença de que suas instituições podem prever calamidades, deter seu impacto e restaurar a estabilidade. Quando a pandemia da Covid-19 acabar, as instituições de muitos países serão percebidas como tendo falhado". Sim, isso é uma bela subavaliação.

De fracassos de testagem a falhas de políticas, a políticas fiscais e monetárias perdulárias, até o puro brutalismo de suas artimanhas de fechamento, a reputação do governo em geral não se sairá bem. Quando a poeira baixar sobre isso, toda uma geração de líderes poderá ser exterminada, desde que retornemos às formas democráticas de governo, o que certamente acontecerá. Esquerda ou direita, republicano ou democrata, haverá um preço sério a pagar. Os políticos agiram precipitadamente por medo de seu futuro político. Eles vão descobrir terem feito a escolha errada.

3. Reação contra o ambientalismo

Lave as mãos, ficavam nos dizendo. Porém, abrimos a torneira e quase não sai nada. Eles as arruinaram há alguns anos com controles de fluxo. A água não está quente, porque os aquecedores de água não funcionam bem devido às regulações. Mantenha suas roupas e pratos limpos, mas nossas máquinas de

---

[201] KISSINGER, Henry. "The Coronavirus Pandemic will forever Alter the World Order". *The Wall Street Journal*, 3 de abril de 2020.

lavar e lava-louças mal funcionam. Não podemos esquecer que nossos banheiros também não são funcionais.

O governo destruiu o saneamento, arruinando nossos eletrodomésticos em nome da conservação[202]. Agora, de repente, descobrimos que nos preocupamos com a limpeza e em nos livrarmos dos germes: ótima descoberta! Implementar isso vai exigir revogarmos as restrições, retirarmos os controles de fluxo, autorizarmos banheiros novos e funcionais, ligarmos nossos aquecedores de água, consertarmos os detergentes e assim por diante. Fomos levianos com os germes e agora nos arrependemos.

Então, sim, as sacolas plásticas estão de volta e as reutilizáveis transmissoras de doenças se foram, mas isso é só o começo[203]. Legislações de reciclagem irão embora[204]. Secadores de mãos em banheiros serão repensados[205]. Traga de volta itens de uso único e universalize-os! Voltaremos a nos preocupar com a qualidade de vida como primeira prioridade. Quanto à natureza e seus germes, vão embora!

4. Reação contra o distanciamento social

Ficar longe do contato direto com pessoas doentes é uma boa ideia; sabemos disso desde o mundo antigo. As populações vulneráveis precisam ter um cuidado especial, o que os idosos sempre souberam. Contudo, o governo pegou essa ideia sensata e foi à loucura com ela, separando todos de todos os outros, tudo em nome de "achatar a curva" para preservar a capacidade hospitalar. Então, esse princípio se tornou geral, a ponto de as pessoas serem encorajadas a acreditar em coisas bobas tais como ficar perto demais de alguém fará a Covid-19 aparecer magicamente. Ir ao mercado, em 2020, deixa bastante claro

---

[202] TUCKER, Jeffrey A. "What Has Government Done to our Bathrooms?". *American Institute for Economic Research*, 10 de janeiro de 2018.

[203] FLAGER, Madison. "Reuseable Shopping Bags Could Be Making You Sick". *Delish*, 3 de outubro de 2017.

[204] CARDEN, Art. "Good Riddance to Recycling Trucks." *American Institute for Economic Research*, 20 de abril de 2020.

[205] MAGNESS, Phillip W. "Rethink the Disease-Spreading Hand Dryer in a Pandemic". *American Institute for Economic Research*, 23 de março de 2020.

Capítulo 3 | *Haverá reações boas*

que as pessoas pensam poder contrair Covid-19 falando, ou olhando para outros.

Vários amigos me disseram já haverem detectado uma reação negativa a tudo isso. E por quê? Há um mérito duvidoso no princípio excessivamente generalizado e isso se tornará mais do que óbvio nos próximos meses. Em seguida, a reação acontece. Espero o desenvolvimento muito rápido de um movimento de aproximação social generalizada. Você verá os bares e as pistas de dança lotados e, provavelmente, um novo *baby boom* surgirá em um mundo pós-Covid-19. E o aperto de mão vai, de novo, se tornar o que era no começo, um sinal de confiança mútua.

5. Reação contra as regulamentações

Em meio ao pânico, descobrimos que muitas regras que governam nossas vidas não fazem sentido. Os regulamentos sobre testes de doenças obstruíram o sistema e nos deram uma crise epistêmica, dando início a essa loucura[206]. Felizmente, muitos políticos fizeram a coisa certa e revogaram muitos deles. O Americanos pela Reforma Tributária reuniu uma lista de trezentos e cinquenta regulamentos que foram dispensados[207]. Isso é extremamente encorajador. Vamos mantê-los dispensados, para nunca mais voltarem.

6. Reação contra tudo digital

Continuamos ouvindo como esse trauma vai fazer com que todos se comuniquem mais por vídeo. Eu não acredito. Todo mundo está passando por um desgaste tremendo nesses ambientes digitais estéreis. Ei, é ótimo que eles possam acontecer, mas estão longe do ideal.

"Você pode me ouvir?"

"Eu não consigo ouvir".

---

[206] Para mais, leia o capítulo intitulado "Uma Crise Epistêmica".
[207] MORALES, Isabelle. "List: 380 Regulations Waived to Help Fight COVID-19". *Americans for Tax Reform*, 24 de abril de 2020.

"Minha imagem está borrada?"
"Por que estou olhando para o seu nariz?"
"Altere suas configurações".
"Silencie seu microfone!"

E assim por diante. No início, pensamos ser apenas um período de ajuste. Agora, sabemos que, simplesmente, não gostamos de todo esse absurdo. Não é jeito de viver. Não há nada como pessoas reais em uma sala real.

7. Reação contra o anti-trabalho

Suponho que muitos trabalhadores não ficaram totalmente infelizes, quando o chefe disse para trabalhar de casa. Porém, milhões de pessoas já descobriram que isso tem um custo. Existe solidão. O cachorro. As crianças. A esposa. O fracasso deprimente em se vestir como um ser humano civilizado. Todo mundo que conheço sente falta do escritório. Eles querem estar de volta, cumprir uma programação, ver os amigos novamente, experimentar a alegria da colaboração, compartilhar piadas, mastigar os *donuts* do escritório.

Mais recentemente, todos pareciam reclamar do local de trabalho. Havia disputas intermináveis sobre salários, equidade salarial, raça, movimentos *#metoo*, remuneração de executivos, políticas de licença familiar, entre outros. Ninguém parecia feliz. Não sabíamos o quanto tudo era bom.

8. Reação contra os especialistas

A mídia, desde o início, alardeava alguns especialistas em detrimento de outros. Ficamos loucos por credenciais. Quantas letras você tem após seu nome determinam sua credibilidade (a menos que você tenha a opinião errada). Contudo, logo descobrimos algumas realidades interessantes. Os especialistas que todos queriam citar estavam errados, ou tão vagos com suas previsões, que elas eram inúteis na prática[208]. O próprio dr. Fauci escreveu, em 28 de feve-

---

[208] MAGNESS, Phillip W. "How Wrong Were the Models and Why?". *American Institute for Economic Research*, 23 de abril de 2020.

reiro de 2020: esta seria uma gripe normal[209]. Apenas uma semana depois, tudo mudou, foi-se da calma para o pânico. Com essa mudança, veio a resposta louca do governo; muito depois das próprias pessoas perceberem que ser cuidadoso seria uma boa ideia. Sob a orientação de especialistas, oscilamos de uma ponta a outra, com pouquíssimas evidências. Exatamente contra o conselho forte, e convincente, de um dos poucos especialistas com credibilidade remanescente[210].

9. Reação contra os acadêmicos

Assim, passamos de *campi* extremamente caros, e um enorme aparato administrativo, para uma série de ligações de *Zoom* entre professores e alunos, deixando muitos se perguntando quanto ao valor real do resto. Certamente, muitas faculdades e universidades não sobreviverão a isso. O outro problema diz respeito a como vender a ideia de diploma, em um mundo onde setores inteiros podem ser fechados em um instante. O diploma universitário deveria nos dar segurança; os *lockdowns* acabaram com isso. Também existe o problema do próprio currículo. Qual o valor desses diplomas suaves em justiça social, em um mundo no qual você está lutando para pagar o aluguel do próximo mês?

Quanto ao ensino fundamental e médio, que tal o *homeschooling*? Existiu sob uma nuvem durante décadas, antes de, repentinamente, tornar-se obrigatório.

10. Reação contra estilos de vida pouco saudáveis

Não houve pouco esforço para suprimir as características demográficas das fatalidades da Covid-19, mas a palavra ainda está se espalhando. Esta manchete da BBC resume: "Nove em cada dez pessoas que morrem têm doenças

---

[209] FAUCI, Anthony S., LANE, H. Clifford e REDFIELD, Robert R. 2020. "Covid-19 — Navigating the Uncharted". *New England Journal of Medicine*, 382: p. 1268-1269.
[210] STRINGHAM, Edward Peter. "Who Is John Ioannidis?". *American Institute for Economic Research*, 19 de abril de 2020.

preexistentes"[211]. Aqui vai outra: "A obesidade é o fator número um nas mortes por Covid-19"[212]. Isso não deve ser esquecido pelas pessoas que estão considerando melhorar sua saúde geral e reduzir a vulnerabilidade a doenças. Talvez você já sinta isso, e esteja usando o tempo de quarentena para entrar em forma ou, pelo menos, parar de avançar muito rapidamente em direção à morte. Existem coisas que podemos fazer, pessoal! Isso seria uma enorme mudança na cultura norte-americana, para dizer o mínimo.

11. *Reação contra gastos*

Você, provavelmente, está economizando muito dinheiro cortando o entretenimento. Sensação boa, não é? Lamenta não ter guardado mais para se preparar para dias como esses? Isso mudará dramaticamente. Esses colchões vão ficar entupidos de dinheiro nos próximos um ou dois anos. Está tudo bem: poupança leva a investimento, desde que as pessoas recebam uma promessa inflexível de que nada, como a destruição monstruosa dos últimos seis meses, ocorrerá novamente.

---

[211] TRIGGLE, Nick. "Coronavirus: Nine in 10 dying have existing illness". *BBC News*, 16 de abril de 2020.
[212] SHERMAN, Amy. "Is obesity a top risk factor in COVID-19 hospitalizations?" *Politifact*, 17 de abril de 2020.

CAPÍTULO 4

Macaco vê, macaco faz

Durante esses meses, o mistério que perdura é como tantos governos, em lugares diferentes do planeta, podem ter adotado políticas absurdas iguais, ou muito semelhantes, não importando o nível de ameaça do vírus e sem evidências firmes de que as intervenções tivessem alguma esperança de serem eficazes.

No decorrer de duas semanas, as liberdades tradicionais foram eliminadas em quase todos os países desenvolvidos. Em uma reviravolta seriamente bizarra, mesmo as políticas mais tolas se replicaram como um vírus, um país após o outro.

Por exemplo, você não pode experimentar roupas em uma loja no Texas, ou em Melbourne, ou em Londres, ou em Kalamazoo. O que há com isso? Sabemos ser menos provável que o bicho da Covid-19 sobreviva em tecidos, a menos que eu tenha sintomas, espirre no meu lenço e o enfie na sua boca[213]. A coisa toda é um exagero misofóbico ridículo, como a maioria das regras sob as quais vivemos.

Em seguida, houve a confusão interna/externa. Primeiro, todos foram forçados a ficar em casa, e pessoas foram presas por estarem ao ar livre. Mais tarde, quando os restaurantes começaram a abrir, as pessoas não tinham permissão para ficar do lado de dentro. Então, os estabelecimentos se mexeram

---

[213] MURPHY, Alice. "Why You are LESS Likely to Catch COVID-19 From Clothes (as Long as You Wash Them): The Everyday Surfaces that Leave You at Risk for up to Three Days are Revealed". *Daily Mail UK*, 30 de março de 2020.

para tornar possíveis as refeições ao ar livre. Devemos acreditar que o vírus viveu do lado de fora por um tempo, depois mudou para dentro?

E toque de recolher. Muitos lugares os têm, apesar da completa ausência de evidências de que a propagação de Covid-19 prefere a noite ao dia. Acho que o verdadeiro ponto é acabar com a folia, capaz de unir as pessoas de uma forma divertida? É como se todos os nossos governos decidissem, no mesmo dia, que a Covid-19 se espalha por meio de sorrisos e diversão, portanto, devemos banir os dois.

Em Sydney e Los Angeles, e também em Detroit e Miami, você precisa usar uma máscara quando entra em um restaurante, mas não quando está sentado. Essa regra de 1,8 metros de distância também é altamente suspeita. Parece sugerir que, se vocês ficarem muito próximos um do outro, a Covid-19 aparecerá espontaneamente. Pelo menos, as pessoas parecem acreditar nisso.

A Austrália, à sua maneira, até criou um *slogan* e um *jingle* para acompanhá-lo: "Ficar longe nos mantém juntos" — diz Orwell, quero dizer, Victoria[214].

Distanciem-se socialmente! Não seja um propagador silencioso! Mesmo que o maior estudo já feito tenha mostrado que "casos assintomáticos sejam menos propensos a infectar seus contatos próximos"[215]. Significa dizer: isso é um disparate.

Na maioria dos lugares, também, você precisa ficar duas semanas em quarentena quando chega de alguma região distante, embora seja raro um período de incubação do vírus tão longo. O período médio é de seis dias, talvez, o mesmo esperado de um coronavírus como o resfriado comum[216].

Ah, e em lojas de departamentos, você não pode pulverizar perfume para experimentá-lo, porque, certamente, isso espalha Covid-19 — ou não. Exceto que não há nenhum vestígio de evidência de alguma verdade nisso. Este parece completamente inventado, embora seja amplamente imposto.

---

[214] GREEN, Ricki. "Victorian Government Launches 'Staying Apart Keeps Us Together' Campaign Via M&C Saatchi". *Campaign Brief*, 4 de maio de 2020.

[215] LUO, Lei, LUI, Dan, LIAO, Xinlong e WU, Xianbo. "Contact Settings and Risk for Transmission in 3410 Close Contacts of Patients With COVID-19 in Guangzhou, China". *Annals of Internal Medicine*, 13 de agosto de 2020.

[216] BACKER, Jantien A., KLINKENBERG, Don e WALLINGA, Jacco. "Incubation Period of 2019 Novel Coronavirus (2019-nCoV) Infections among Travellers from Wuhan, China, 20-28 January 2020 Separator Commenting Unavailable". *Eurosurveillance*, 25(5).

Capítulo 4 | *Macaco vê, macaco faz*

A lista continua. A proibição de reuniões com mais de cinquenta pessoas ao ar livre e vinte e cinco pessoas dentro de casa; o fechamento de academias em um momento em que as pessoas precisam se recuperar; o fechamento de teatros e pistas de boliche, mas a manutenção de lojas grandes — essas políticas são tão onipresentes quanto não fundamentadas em nenhuma ciência. Sabemos disso há muitos meses, desde que a histeria da mídia a respeito do Spring Break[217] na Flórida terminou em zero casos fatais durante a folia.

O pior caso é o fechamento de escolas. Elas foram fechadas ao mesmo tempo por todo o mundo, apesar das evidências disponíveis; desde, pelo menos, janeiro a ameaça às crianças é quase zero. Sim, eles pegam Covid-19 de maneira quase totalmente assintomática, significando que não ficam "doentes" no sentido tradicional do termo. Além do mais, é altamente improvável que elas contaminem adultos, precisamente porque não apresentam sintomas. Isso é amplamente admitido[218].

Mesmo assim, os governos decidiram destruir a vida das crianças por uma temporada inteira.

E o momento de tudo isso parece estranhamente suspeito. Todos esses países e Estados implementaram essa palhaçada obrigatória ao mesmo tempo, estando os casos em toda parte, ou em lugar nenhum.

Nos EUA, isso foi fascinante de assistir. As paralisações aconteceram em todo o país. No Nordeste, o vírus já havia se espalhado amplamente em direção à imunidade de rebanho. O Sul fechou ao mesmo tempo, mas o vírus nem estava lá. Quando o vírus chegou, a maioria dos estados do Sul já havia reaberto. De qualquer maneira, o vírus não parece se importar.

Agora, olhando para isso, é muito fácil considerar a conspiração como explicação. Provavelmente, existe alguma mão secreta, trabalhando em algum lugar, guiando tudo isso, diz o pensamento. Como tantos governos no mundo perderam sua sanidade e, ao mesmo tempo, aboliram as liberdades do povo de forma tão cruel, enquanto pisoteavam todos os direitos de propriedade e associação?

---

[217] Spring Break é o período de uma semana de férias durante a primavera, normalmente, na época da Páscoa, em que os alunos aproveitam para curtirem e/ou viajarem com os amigos antes do retorno às aulas e ao período de exames que se segue. (N. R.)

[218] FOURCADE, Marthe. "School Children Don't Spread Coronavirus, French Study Shows". *Bloomberg*, 23 de junho de 2020.

Tendo a resistir a grandes teorias de conspiração sobre esse assunto, simplesmente porque duvido seriamente que os governos sejam inteligentes o suficiente para implementá-las. Pelo que posso ver, esses governadores e estadistas parecem estar inventando coisas em um pânico louco. Em seguida, continuam com eles, apenas para fingirem saber o que estão fazendo.

A teoria do *pot commitment*[219] de Pete Earle parece explicar por que o rigor persiste, mesmo na falta de evidências de que eles fazem qualquer coisa para suprimir o vírus[220].

Contudo, como podemos explicar a imposição de tantas regras ridículas semelhantes, ao mesmo tempo, em tantas partes do globo?

Em vez de conspirar totalmente, convido você a examinar um estudo muito interessante, publicado pela Academia Nacional de Ciências: "Explicando a difusão homogênea das intervenções não-farmacêuticas da Covid-19 em países heterogêneos"[221].

Um título mais claro poderia ser: "Como tantos governos se comportaram tão estupidamente ao mesmo tempo". A teoria postulada por eles me parece altamente realista:

> Analisamos a adoção de intervenções não-farmacêuticas nos países da Organização para a Cooperação e Desenvolvimento Econômico (OCDE), durante a fase inicial da pandemia de 2019 da doença coronavírus (Covid-19). Dada a complexidade associada às decisões de pandemia, os governos enfrentam o dilema de como agir rapidamente, quando seus principais processos de tomada de decisão são baseados em deliberações, equilibrando considerações polí-

---

[219] A teoria do *pot commitment* vem do pôquer. No jogo, ocorre quando o jogador não pode aumentar a aposta e nem declinar, pois tem muitas fichas no *pot* (na mesa), e precisa encontrar uma maneira de sair do jogo, sem perder tudo. Pete Earle transfere isso para a política e intelectualidade, apontando que o mesmo se passaria com pessoas com alta visibilidade e que não podem abandonar ou desacreditar opiniões e iniciativas que não se sustentam mais, ainda que fiquem malvistos por causa disso. (N. E.)

[220] EARLE, Peter C. "Intellectuals, Politicians, and Pot Commitment". *American Institute for Economic Research*, 20 de Agosto de 2020.

[221] SEBHATU, Abiel, WENNBERG, Karl, ARORA-JONSSON, Stefan e LINDBERG, Staffan I. "Explaining the homogeneous diffusion of COVID-19 non-pharmaceutical interventions across heterogeneous countries". *Proceedings of the National Academy of Sciences of the United States of America*, 11 de agosto de 2020.

Capítulo 4 | *Macaco vê, macaco faz*

ticas. Nossas descobertas mostram que, em tempos de crise severa, *os governos seguem o exemplo de outros e baseiam suas decisões no que outros países fazem*. Os governos de países com uma estrutura democrática mais forte são mais lentos para reagir diante da pandemia, mas são mais sensíveis à influência de outros países. Nós fornecemos ideias para pesquisas sobre a difusão de políticas internacionais e pesquisas sobre as consequências políticas da pandemia Covid-19.

Isso parece se encaixar com o que eu vi anedoticamente.

Esses caras no comando são, em sua maioria, advogados com especialização em enganar eleitores. E as "autoridades de saúde pública" que os assessoram podem obter credenciais na área, sem nunca terem estudado — muito menos praticado — medicina. Então, o que eles fazem? Copiam outros governos, como uma forma de encobrir sua ignorância.

Como diz o estudo:

> Embora nosso artigo não possa julgar qual seria o momento de adoção "ideal" para qualquer país, segue-se, a partir de nossas descobertas, o que parece ser um *mimetismo internacional* de adoções de intervenção, que alguns países podem ter adotado medidas restritivas bem antes do necessário. Se for esse o caso, esses países podem ter incorrido em custos sociais e econômicos excessivamente altos e podem ter problemas para sustentar restrições pelo tempo necessário devido à fadiga do *lockdown*.

Isso quer dizer: os fechamentos, *lockdowns* e medidas de restrição impostas não eram ciência. Era macaco vê, macaco faz. Os experimentos de psicologia social sobre conformidade ajudam a explicar isso melhor do que qualquer outra coisa[222]. Eles veem alguns governos fazendo coisas e decidem fazê-las também, como uma forma de se certificarem que estão evitando o risco político, independentemente do custo.

Tudo isso apenas aumenta o respeito pelos governos ao redor do mundo, que não fizeram *lockdown*, não fecharam negócios, não fecharam escolas, não impuseram máscaras e não promoveram uma eterna dança Kabuki maluca de distanciamento social. Vêm à mente Dakota do Sul, Suécia, Taiwan e

---

[222] PRESS BOOKS. "73. Conformity, Compliance, and Obedience". *Press Books*.

Bielo-Rússia. É necessário um nível incomum e raro de incredulidade para evitar esse tipo de mentalidade de rebanho.

Por que tantos governos enlouqueceram conjuntamente, desrespeitando suas próprias leis, tradições e valores, espancando seu próprio povo, com a desculpa da ciência que se revelou quase completamente falsa? Algumas pessoas alegam conspiração, mas pode ser uma resposta muito mais simples: em sua ignorância e estupor, eles copiaram uns aos outros por medo.

Com essa percepção, também vem alguma esperança. Se os governos podem copiar uns aos outros na violação dos direitos das pessoas, eles também podem copiar uns aos outros na liberalização. Eles podem ver como o caminho liberal é o mais compatível com a construção de saúde e riqueza. Mesmo se não o fizerem, todos devemos. Afinal, toda a ideia de governo, no ideal pós-iluminista, é ele ser o servo e não o senhor da população. Com as experiências horríveis de 2020 em nossas mentes, sabendo o que a regra coercitiva da má ciência pode fazer às nossas vidas, podemos, e devemos, reclamar essa ideia. Países e sociedades, que escolherem a liberdade ao invés do *lockdown*, podem prosperar como nunca antes.

CAPÍTULO 5

Precisamos de um movimento *anti-lockdown* com princípios

E stado de choque é uma boa maneira de descrever o clima nos Estados Unidos da América durante boa parte da primavera de 2020. A maioria de nós nunca pensou que isso pudesse acontecer aqui. Eu, certamente, não pensei, embora tenha escrito sobre planos de *lockdown* para pandemia durante quinze anos. Sabia que os planos estavam na prateleira, o que é flagrante, mas sempre pensei: algo impediria de acontecer. Os tribunais. Opinião pública. Declaração de Direitos. Tradição. A turbulência típica da cultura norte-americana. Sensibilidade política. A disponibilidade de informação.

Algo o impediria. Eu acreditava nisso. A maioria de nós acreditava.

Mesmo assim, aconteceu. Em questão de dias, 12 a 16 de março de 2020 — e bum: acabou! Estávamos presos. Escolas fechadas. Bares e restaurantes fechados. Nenhum visitante internacional. Teatros fechados. As conferências terminaram à força. Esportes parados. Disseram-nos para ficar em casa e assistir a filmes... por duas semanas, para achatar a curva. Então, essas duas semanas se estenderam para seis meses. Sorte daqueles vivendo em estados que resistiram à pressão e permaneceram abertos. Contudo, mesmo eles não puderam visitar parentes em outros estados, devido a requisitos de quarentena e restrições de viagem.

Os *lockdowns* acabaram com a vida norte-americana como a conhecíamos há apenas seis meses, por causa de um vírus onde 99,4% a 99,6% dos que o contraíram se livraram, para o qual a idade média de morte é setenta e oito anos a oitenta anos, com comorbidades, para o qual não há um único caso verificado de reinfecção no planeta, para o qual os sucessos internacionais na sua gestão dependiam da imunidade do rebanho e abertura[223]. Ainda assim, os políticos, que se tornaram ditadores, não podiam admitir tamanho, e surpreendente, fracasso. Então, mantiveram as restrições no lugar, como uma forma de encobrir o que haviam feito.

Aquele choque da primavera se transformou em um verão de maldade, com todos apontando o dedo para todos os demais, por causa do triste estado da vida. A paciência se esgotou e uma maldade nacional tomou seu lugar. É evidente não apenas *on-line*, mas pessoalmente, com estranhos gritando uns com os outros por se comportarem de maneiras que desaprovam. Os EUA se tornaram um lugar extremamente feio. É isso que os *lockdowns* fizeram.

Muitos estados, hoje chamados de "abertos", teriam sido considerados "fechados" seis meses antes. Esportes eram raros. Os cinemas não estavam abertos. Em alguns lugares, você ainda não pode ir a academias, ou comer em ambientes fechados. Obrigatoriedades no uso de máscaras estavam em toda parte e executores dessas leis também. As pessoas delataram seus vizinhos, enviaram *drones* para descobrir festas em casa e atacaram umas às outras em locais públicos.

Em apenas seis meses, os *lockdowners* fabricaram uma nova forma de estrutura social, na qual todos devem tratar todos os outros como um contágio mortal. Ainda mais absurdamente, as pessoas passaram a acreditar que se você ficar a menos de 1,8 metro de outra pessoa, uma doença aparece espontaneamente e se espalha.

Tudo isso ocorreu em meio à maior divisão política em muitas gerações. Estranhamente, você quase pode prever a lealdade política de uma pessoa baseando-se em sua atitude em relação ao vírus. Como se figuras políticas estabelecidas fossem responsáveis por criar ou controlar patógenos, que fazem parte da experiência humana, desde que caminhamos e conversamos pela primeira vez. A politização da Covid-19 foi um barulho terrível, desviando a atenção do gerenciamento sábio de doenças, característico do jeito norte-americano de fazer isso durante mais de um século.

---

[223] MEYEROWITZ-KATZ, Gideon e MERONE, Lea. "A Systematic Review and Meta-Analysis of Published Research Data on COVID-19 Infection-Fatality Rates". *MedRxiv*, 7 de julho; CDC. 2020. "Characteristics of Persons who Died with COVID-19 — Estados Unidos, 12 de fevereiro – 18 de maio de 2020". *CDC*, 17 de julho; MANDAVILLI, Apoorva. "Can You Get Covid-19 Again? It's Very Unlikely, Experts Say". *The New York Times*, 22 de julho de 2020; WORLDOMETER. "Sweden: Coronavirus Cases". *Worldometer*, 2020.

Capítulo 5 | *Precisamos de um movimento anti-lockdown com princípios*

Contudo, o povo norte-americano apoia isso, certo? Eu nunca tive certeza. É verdade que a televisão e a mídia *on-line* estão em pânico estrondoso o dia todo, todos os dias. Se você obtém suas informações dessas fontes, certamente deve parecer uma praga. Há também o problema de as pessoas se sentirem tremendamente impotentes agora. Elas foram presas, silenciadas, humilhadas, brutalizadas. As poucas tentativas de sair e protestar contra os *lockdowns* foram recebidas com zombarias e escárnio pela grande mídia. Porém, descobriu-se que isso acontecia porque elas estavam protestando contra a coisa errada. Quando os protestos contra a brutalidade policial e o racismo varreram o país, a mídia aprovou totalmente. Sim, tudo parece manipulação[224].

Onde exatamente está a opinião norte-americana sobre os *lockdowns* hoje? Não se pode confiar nas pesquisas: as pessoas sabem exatamente o que devem dizer aos pesquisadores durante um Estado policial de *lockdown*. Normalmente, é um bom palpite que um terço dos norte-americanos assuma uma posição, mais ou menos, consistente com a liberdade humana — não é um grupo fixo e muda dependendo do problema —, então, esse é provavelmente um bom palpite agora.

O incrível frenesi da mídia desorientadora confundiu um grande número. Uma pesquisa revelou que muitos americanos acham que 9% de nós morreram de Covid-19, enquanto, na verdade, foram 0,04%. Então, sim, temos um problema de propaganda, começando com o *New York Times* que, no início de agosto, exigiu "*lockdowns* mais agressivos do que jamais feitos no passado[225]. Os Estados Unidos da América nunca haviam tido um verdadeiro *lockdown* nacional, fechando apenas cerca de metade do país, em comparação com 90% em outros países com controle de surto mais bem-sucedido".

Nada disso é verdade. A proporção de pessoas que dizem coisas verdadeiras parece ser de apenas 1%, em comparação com a enxurrada de absurdos da cultura da mídia. Quase não vemos discussão na grande imprensa de evidências empíricas, em casa e no exterior, de que os *lockdowns* não fazem sentido

---

[224] BREASHEARS, Caroline. "The Gaslighting of the American People". *American Institute for Economic Research*, 6 de agosto de 2020.
[225] THE EDITORIAL BOARD. "America Could Control the Pandemic by October. Let's Get to It". *The New York Times*, 8 de agosto de 2020.

do ponto de vista médico e econômico[226]. Durante muitas décadas, especialistas médicos alertaram contra a perturbação do funcionamento social no caso de doenças. Preservar a liberdade sempre foi a prioridade da política: 1949-52, 1957-58, 1968-69 e 2005[227]. A própria Revolução Americana ocorreu em meio a um surto de varíola[228]. O liberalismo surgiu durante séculos de pandemias[229].

Ainda assim, aqui estamos.

Esse país precisa de um movimento anti-lockdown *sério*, não apenas político, mas cultural e intelectual, profundamente educado em História, Filosofia, Direito, Economia e todas as ciências. Que possa se reunir em torno dos postulados cívicos americanos tradicionais, sobre a liberdade individual e os limites dos governos, e também em torno dos princípios universais dos direitos humanos. Se liberdade significa alguma coisa, significa não estarmos em *lockdown*. Além disso, significa que *lockdowns* são inconcebíveis.

O que esse movimento — que não precisa ser formalmente organizado — deve estudar, acreditar e ensinar?

Como os direitos de propriedade são os primeiros a serem violados no *lockdown*, o movimento precisa abraçar e defender o direito de propriedade e controle privados: de negócios, casas e de nós mesmos. A tradição liberal há muito afirma esse princípio e é terrível que os *lockdowns* tenham ocorrido como se a propriedade privada não existisse. De repente, tudo e todos pertenciam ao Estado e o mesmo declararia o que é — ou não — essencial, ou mesmo o que é eletivo ou não para o seu atendimento médico.

Deve abraçar a liberdade de escolher nossas associações, já que isso veio a ser atacado a seguir: não podíamos nos reunir em grupos, fazer conferências, ir ao cinema, fazer qualquer coisa considerada "não socialmente distante" (estou tão farto daquela frase, que mal consigo digitá-la), ou mesmo ir para outro estado para visitar amigos e parentes.

Este movimento precisa celebrar e defender a liberdade religiosa, visto que, incrivelmente, a maioria das casas de culto tenham sido fechadas à força

---

[226] Para mais, leia o capítulo intitulado "O Vírus não Liga para as suas Políticas".
[227] TUCKER, Jeffrey A. "A Retrospective on the Avian Flu Scare of 2005". *American Institute for Economic Research*, 22 de março de 2020.
[228] Para mais, leia o capítulo intitulado "A Revolução Americana Ocorreu no meio de uma Pandemia".
[229] MURPHY, Jon. "Liberalism Was Born and Grew During Centuries of Pandemics". *American Institute for Economic Research*, 26 de maio de 2020.

Capítulo 5 | *Precisamos de um movimento anti-lockdown com princípios*

pelo governo. A ideia moderna de liberdade surgiu no final da Idade Média, quando o esgotamento das guerras religiosas, gradualmente, deu origem à ideia de tolerância. A tolerância religiosa foi a primeira grande liberdade a ser codificada em lei. É impressionante ter sido violada de forma tão flagrante este ano.

Esse movimento deve se reconciliar com a livre iniciativa e a inovação vinda dela. Quanta riqueza e criatividade foram perdidas nos *lockdowns*? É incompreensível. As maiores vítimas foram as pequenas e médias empresas, enquanto as grandes empresas de tecnologia prosperaram. Iniciar e gerenciar uma empresa comercial é um direito humano, cuja realização foi a grande conquista da vida moderna, pois espalhou a prosperidade por toda parte, elevando as pessoas, por todo mundo, do estado de natureza aos níveis das hierarquias entrincheiradas de antigamente.

Parte desse ideal liberal é o livre comércio, que nos últimos anos tem sido criticado tanto pela esquerda quanto pela direita. Não se esqueça de que o presidente norte-americano Donald Trump deu início a esse frenesi ditatorial com sua repentina e chocante proibição de viagens originárias da China e da Europa, o que resultou em uma lotação frenética, em massa, de aeroportos nos dias seguintes. Fez isso com um golpe de caneta, ignorando todos os seus conselheiros. Ele ainda se gaba disso.

Até que ponto sua reação extrema inspirou os governadores a fazer o mesmo? Claro, as ações de Trump refletem sua preferência persistente pelo isolacionismo, não apenas no comércio, mas também na imigração. Mesmo agora, Trump se recusa a permitir trabalhadores estrangeiros de entrarem nos Estados Unidos da América (exceto em casos de emergência), porque acredita, incorretamente, que isso ajudará o mercado de trabalho norte-americano. É um ultraje: a livre iniciativa dá direito ao emprego de qualquer pessoa, em qualquer lugar. Esta é uma política indiscutivelmente boa para todos.

Já que estamos falando sobre os fundamentos da liberdade, falemos sobre máscaras. Eles se tornaram exatamente o que o *New England Journal of Medicine* as chamou: um talismã[230]. Elas são símbolos de compromisso social e lealdade política. Uma sociedade livre gira em torno da escolha indivi-

---

[230] KLOMPAS, Michael, MORRIS, Charles A., SINCLAIR, Julia, PEARSON, Madelyn e SHENOY, Erica S. "Universal Masking in Hospitals in the Covid-19 Era". *The New England Journal of Medicine*, 382:e63, 2020.

dual, portanto, se as máscaras fazem uma pessoa se sentir segura, ou se a fazem sentir que está protegendo os outros de sua respiração, tudo bem. Porém, quando as pessoas atacam os outros por resistirem em usá-las, e ficam perturbadas com a aparência de rebelião das regras, isso é imposição e intolerância — talvez compreensível dado o momento, mas, ainda assim, antiliberal.

Leis exigindo coberturas faciais em público nunca teriam sido toleradas, mesmo há seis meses. E, no entanto, aqui estamos nós, não apenas com as leis, mas com um número crescente de recrutas na população, para aplicá-las com uma grosseria terrível. Não é a primeira vez na história. As leis suntuárias norte-americanas na época colonial exigiam que as pessoas não se vestissem com roupas elegantes por motivos de piedade e conformismo social. Parte da Revolução Capitalista incluiu a liberdade de se vestir como quiser e a disponibilidade em massa de moda para todos. O movimento obrigatório da máscara, e suas tropas de choque entre o público, é apenas um renascimento do puritanismo.

Os *lockdowns* esmagaram as perspectivas econômicas de milhões e o governo tentou compensar isso com um gasto selvagem do dinheiro de outras pessoas e um uso, sem precedentes, da impressão de moeda, como se o governo pudesse, de alguma forma, encobrir a destruição que causou com papel-moeda. Portanto, o movimento *anti-lockdown* precisa de um compromisso com a sanidade fiscal e uma moeda sólida. Agora sabemos que um governo com capacidade para criar quantias ilimitadas de papel-moeda não pode ser restringido. Isso precisa ser consertado.

Quanto à saúde, o tema ou a desculpa que desencadeou os *lockdowns* em primeiro lugar, certamente devemos aprender com essa experiência que a política e a medicina precisam ser separadas por um muro alto. Temos profissionais médicos que, tradicionalmente, são responsáveis pela mitigação de doenças e o fazem de acordo com suas próprias associações profissionais e bom senso. A política nunca deve anular a relação médico/paciente, nem presumir saber mais do que nossos próprios médicos sobre o que é melhor para nós.

Sobre a questão da educação, governadores de todo o país fecharam cruelmente todas as escolas, embora haja ameaça quase zero do vírus para as crianças e não há, após seis meses, ainda nenhum caso verificado de uma criança passando Covid-19 para um adulto[231]. Talvez um pequeno aspecto positivo é termos aprendido a respeito de como os pais podem exercer mais controle sobre a educação do que antes. O movimento *anti-lockdown* precisa abraçar uma multiplicidade de alternativas educacionais, incluindo a possibilidade de privatização total, para que a educação possa novamente fazer parte da matriz da livre iniciativa.

É verdade que *anti-lockdown* carrega uma conotação negativa. Existe uma palavra melhor para transmitir a dimensão positiva? Minha preferência: liberalismo. Os progressistas o abandonaram. Também é correto de uma perspectiva histórica e internacional. O liberalismo e a Modernidade estão inextricavelmente ligados na história, diz Benjamin Constant (1767-1830)[232]. Um liberalismo do futuro precisa estar preparado para compreender, defender e lutar pela liberdade em um mundo sem *lockdown*. Sem exceções.

Isso nos leva ao ponto final. Esteja esse movimento trabalhando nas esferas da academia, cultura, jornalismo ou política, há uma urgência absoluta para que exerça coragem moral implacável e integridade. Ferozmente. Deve ser intransigente em pontos cruciais. Deve estar disposto a falar, mesmo quando está fora de moda fazê-lo, mesmo quando a mídia está gritando o contrário, mesmo quando a multidão do *Twitter* inunda suas notificações, mesmo quando você está envergonhado por pensar por si mesmo.

Desta vez, como você certamente notou, até mesmo as vozes de pessoas boas com boas ideias silenciaram de medo. Esse medo deve ser banido. A reação contra esse despotismo virá, mas não é suficiente. Precisamos de caráter, integridade, coragem e verdade, e isso talvez seja mais importante do que ideologia e conhecimento. Conhecimento sem a disposição e coragem para falar é inútil, porque — como E. C. Harwood (1900-1980) nos ensinou — para integridade não há substituto.

No final das contas, o caso de tirar a sociedade do *lockdown* é uma questão espiritual. Quanto vale a sua vida e como você quer vivê-la? Qual a importância das liberdades conquistadas a duras penas, que você exerce diariamente?

---

[231] GRIFFITHS, Sian. "'Pupils pose little risk of spreading Covid'". *The Times*, 9 de agosto de 2020.
[232] WIKIPEDIA. "The Liberty of Ancients Compared with that of Moderns". *Wikipedia*, 29 de junho de 2020.

E quanto a vida e liberdade dos outros? Isso é tudo. A liberdade nunca prevaleceu sem vozes apaixonadas e corajosas para defendê-la. Temos as ferramentas agora, muito mais do que antes. Eles podem nos estrangular, mas não podem, no final das contas, nos impedir. A noção de que deixaríamos de falar, por medo da multidão do *Twitter*, é absurda.

Este movimento, seja ele chamado de *anti-lockdown*, ou simplesmente liberalismo, deve rejeitar a maldade e a compulsão deste momento atual na vida norte-americana. Ele precisa combater o brutalismo dos *lockdowns*223[233]. Precisa falar e agir com compreensão humana e alta consideração pelo funcionamento social sob a liberdade, e a esperança para o futuro que vem com isso. Os inimigos da liberdade e dos direitos humanos se revelaram para o mundo ver. Que haja justiça. O bem-estar de todos nós está em jogo.

---

[233] Para mais, leia o capítulo intitulado "O Retorno do Brutalismo.

POSFÁCIO | *Rodrigo Constantino*

Posfácio

Não há provas de que lockdowns salvam vidas, mas há várias evidências de que causam mortes[234]. Essa era a chamada do texto de John Tierney na *Gazeta do Povo*. Tierney é colunista científico do insuspeito *New York Times*, jornal com viés de esquerda. Ele fez um estudo detalhado dos números disponíveis para o ano de 2020 e concluiu:

> Se uma empresa se comportasse dessa forma, continuando a vender conscientemente um medicamento ou tratamento médico não comprovado com efeitos colaterais fatais, seus executivos enfrentariam processos judiciais, falência e acusações criminais. Mas os proponentes dos *lockdowns* estão imprudentemente mantendo o curso, ainda insistindo que eles funcionam. O ônus da prova recai sobre aqueles que impõem uma política tão perigosa, e eles não a mostraram. Ainda não há provas de que os *lockdowns* salvem vidas — muito menos o suficiente para compensar as vidas que eles tiram.

Esse aspecto abordado pelo autor é importante, pois trata de um *trade-off* muitas vezes ignorado pelos especialistas. O economista liberal Bastiat alertava para aquilo que se vê, e aquilo que não se vê, ou seja, os efeitos secundários e ao longo do tempo das medidas adotadas. O bom economista precisa sempre levar em conta essa dimensão completa. Quantas pessoas deixaram de

---

[234] Ver: < https://www.gazetadopovo.com.br/ideias/nao-ha-provas-de-que-lockdowns-salvam--vidas-mas-ha-varias-evidencias-de-que-causam-mortes/ >. Acesso em 25/mar/2021.

buscar tratamento para outras doenças por medo da pandemia ou por restrições impostas pelas autoridades? E o aumento nos casos de depressão, agressão doméstica ou até suicídios? E a destruição econômica, produzindo miséria e desespero, lembrando que fome também mata, e muito?

Tudo isso deveria ter entrado nas análises dos "isolacionistas", que pregavam o *lockdown* mandando todos ficarem em suas casas. No começo era para "achatar a curva" e impedir a implosão do sistema hospitalar, mas depois virou uma espécie de cura mesmo. Uma "cura" pior do que a própria doença, pelo visto.

Mas mesmo essa análise deixa de fora outro fator extremamente importante, e tantas vezes negligenciado: a liberdade. Delegar a prefeitos e governadores o poder de decretar fechamentos generalizados de estabelecimentos comerciais, decidindo o que é ou não essencial para os consumidores, pode significar abrir a porteira para o abuso de poder. Esse tipo de decisão parte da premissa de que as autoridades sabem melhor como controlar cada um, exercendo um planejamento central típico de regimes totalitários. Em nome da ciência e da preocupação com nossas vidas, essas autoridades políticas passarão a comandar nossas vidas nos mínimos detalhes.

Se o argumento é de que a saúde representa um interesse coletivo, qual o limite? Pessoas que sofrem de obesidade correm mais riscos de doenças e, portanto, de ocupar leitos hospitalares para tratamentos. Deve, então, o governo obrigar uma dieta mais saudável a todos, espalhando fiscais do estômago pelos restaurantes? Deve o governo exigir certa quantidade semanal de exercícios físicos? O "interesse coletivo" sempre esteve amparando regimes totalitários, que nunca se venderam como malignos. Mas as liberdades individuais desaparecem nessa equação coletivista. E é disso que o autor trata nessa obra, basicamente.

No fundo, o que se viu nessa pandemia foi a colocação em prática daquilo que Mencken alertava: "O desejo de salvar a humanidade é quase sempre um disfarce para o desejo de controlá-la". O controle social chegou a patamares bem assustadores durante a crise. O medo disseminado pela imprensa abutre ajudou, pois não há nada como o pânico para que muitos aceitem se subjugar docilmente aos que prometem "cuidar" de sua segurança. Mas, como sabiam os "pais fundadores" da América, aqueles que desistem da liberdade para ter segurança costumam ficar sem ambas.

Posfácio

Essa gente toda mostrou um grau de politização excessiva durante a pandemia também, assim como certa insensibilidade para com os trabalhadores desesperados. É mais fácil pregar o *lockdown* quando se tem emprego estável, salário garantido, empregados que enfrentam o perigo para atendê-lo e a possibilidade de fazer *home office*. Como disse o apresentador Lacombe, "lojas de rua, de centros comerciais, de *shopping centers*, restaurantes, todos aqueles que seguem os protocolos não têm culpa pelo aumento no número de contaminados". Mas foram eles que pagaram o pato.

Manifestações eclodiram no mundo todo, desafiando as autoridades. Eram gritos de desespero, e também de liberdade. E o grau de hipocrisia de muitos "isolacionistas" jogou mais lenha na fogueira. O que fica claro é que dependendo da vertente política e ideológica, não importa bem se as pessoas estão na rua ou não, o que importa é a pauta que elas estão levando. Basta pensar nos protestos do Black Lives Matter, que incendiaram cidades nos Estados Unidos, e que foram aplaudidos pela mídia, que chegou a publicar estudos sobre como a Covid-19 não se propagou nessas manifestações. Ou seja, é o vírus ideológico, o vírus que só ataca quem é de direita.

No Brasil, uma das principais vozes contra o *lockdown* burro foi a do jornalista Guilherme Fiuza. Fiuza afirmou que as medidas restritivas severas, impostas na tentativa de conter o avanço da Covid-19, não funcionam. "Essas medidas são adotadas há mais de um ano, e não há fundamentação [científica] que prove sua eficácia", afirmou. Segundo ele, as áreas onde não foram aplicadas políticas de trancamento apresentaram resultados melhores no enfrentamento da pandemia, se comparadas a regiões que impuseram a seus cidadãos o confinamento social extremo.

Fiuza usou o caso americano para ilustrar seu ponto:

> Compare a Flórida com a Califórnia, nos Estados Unidos. Não houve, no estado da Flórida, medidas restritivas do tipo que estamos vendo em São Paulo, por exemplo, e que estão em vigência na Califórnia. Qual é, dos dois estados norte-americanos, aquele que tem menos óbitos, proporcionalmente, por Covid-19? É a Flórida.

Fiuza cunhou até uma expressão para se referir aos defensores do eterno *lockdown*: a "Seita da Terra Parada".

Diante da crise pandêmica, essas autoridades mudam feriados de suas cabeças, exigem todos trancados em casa, longe das praias e das praças, do trabalho, decidem o que é ou não essencial, tudo isso em canetadas sem passar pelo crivo do Poder Legislativo, que representa o povo – e o poder emana do povo numa democracia. "A gente sabe que as praias não são local de grande transmissão por serem um espaço aberto, mas precisávamos sinalizar para a população que não dá para viver a vida normal", justificou o prefeito do Rio, Eduardo Paes, ao proibir o uso das praias cariocas num momento de piora da pandemia.

Não podemos achar que isso seja normal, podemos? Quer fazer uma campanha de informação ou mesmo de persuasão, tudo bem; mas impor medidas drásticas em nome da "conscientização" parece absurdo. Como é bizarro ver prateleiras inteiras em mercados do Sul lacradas, pois o governador julga que não são produtos essenciais.

Bolsonaro usou a Constituição, a Lei da Liberdade Econômica e a Lei Nacional da Quarentena para contestar no STF o toque de recolher decretado pelos governadores. Ele está certo. "É livre a locomoção no território nacional em tempo de paz, podendo qualquer pessoa, nos termos da lei, nele entrar, permanecer ou dele sair com seus bens", diz a ADI, citando o texto constitucional em suas 24 páginas.

O presidente, que a mídia tratava como a grande ameaça fascista, saiu em defesa dos direitos do povo e do devido processo legal para impor medidas dessa natureza, enquanto a mesma mídia aplaude governadores autoritários e um Supremo Tribunal Federal que tem sido o primeiro a rasgar a Constituição da qual deveria ser o guardião. É no mínimo irônico.

Não é preciso negar o risco da pandemia para entender que nossas liberdades básicas estão em jogo, que esses experimentos sociais preparam o terreno para modelos totalitários em nome do "bem comum". No Ocidente não será tão fácil transformar tudo em província chinesa, como querem alguns "liberais". Ao menos não enquanto os verdadeiros liberais se erguerem contra esses abusos, como faz o autor desse livro.

O empreendedor Elon Musk chegou a liderar um movimento de resistência aos arbítrios das autoridades americanas, e desafiou o governo californiano a prendê-lo, afirmando que estaria no chão da fábrica da Tesla ao lado de funcionários que precisam trabalhar para sobreviver. Na América há grande apreço pelas liberdades individuais, arduamente conquistadas com muito derramamento de sangue. Não vão entregar de bandeja para políticos o controle absoluto de suas vidas. O fundador da Barstool Sports, Dave Portnoy, gravou um desabafo que viralizou nas redes sociais, em que alerta para a mudança de discurso, antes para "achatar a curva" e agora para "encontrar a cura", alertando que americanos tomam risco na vida.

A primeira virtude, sabia Aristóteles, é a coragem. Sem ela nada virtuoso é possível. E infelizmente sabemos que os tempos atuais valorizam a vitimização, o mimimi e até mesmo a covardia. O grande "herói" é aquele que corre para se esconder, manda todos ficarem em casa e usa máscara até no banheiro sozinho. Onde foi que erramos?

Isso nos remete à piada do português, se é que ainda podemos contar piadas de portugueses, ou qualquer outra. No meio da batalha, o general lusitano repara que seu adversário mandou um subalterno pegar uma camisa vermelha para ele. Perplexo, o general português pergunta ao seu subalterno o motivo, e este explica: é para esconder os ferimentos de guerra e, assim, não abalar a moral da tropa. Imediatamente o português comanda: pegue minha calça marrom!

Vivemos na era dos "homens geleia", da calça marrom. E isso é até mais preocupante do que a própria pandemia, já que esta vai eventualmente passar, mas a postura acovardada do Ocidente não, e essa covardia será explorada por seus inimigos – externos e internos.

Os globalistas, defensores de um governo mundial que controle tudo de cima para baixo, ficaram assanhados com a pandemia, perceberam como o apreço pela liberdade anda frágil em nossa civilização amedrontada, pronta para delegar todo poder aos "especialistas" em nome da falsa sensação de segurança. Vivemos na tirania dos "especialistas", o que é assustador. Tudo em nome da "ciência" e da preocupação com nossas vidas, claro.

Ser livre pode significar assumir riscos mortais inclusive, como sabia Hayek, mas a alternativa é muito pior: a escravidão pela falsa sensação de segurança. Tem muita gente nessa pandemia que confunde sobreviver ou simplesmente existir com viver de verdade. Se Churchill vivesse hoje, não teria chance de se tornar o estadista que foi, ao depender dessa elite cosmopolita ocidental. A turma diria que Chamberlain é que estava certo ao desejar um "acordo de paz" com Hitler, e a ameaça nazista jamais teria sido vencida. Estaríamos todos falando alemão e usando suásticas compulsórias em nossos braços, tudo em nome da "segurança", da "vida".

    Precisamos de mais lideranças como o general da camisa vermelha, e de menos "lideranças" que usam calça marrom enquanto monopolizam o discurso sensacionalista em nome da ciência e da vida. O pior *lockdown* de todos é o mental. Daí a importância de um livro desses. A liberdade sempre estará a uma geração de ser perdida, alertou Reagan. Ela precisa ser alimentada o tempo todo, reforçada. Ela sempre contou com poucos amigos sinceros, alertou Lord Acton. Muitos colocam interesses à frente, ou deixam o medo falar mais alto. Esse, porém, é o caminho mais seguro rumo à servidão.

Rodrigo Constantino
Março de 2021

SOBRE O AUTOR

Sobre o autor

Jeffrey A. Tucker é diretor editorial do American Institute for Economic Research.

Ele é autor de milhares de artigos na imprensa acadêmica e popular e de oito livros traduzidos em cinco idiomas, mais recentemente *The Market Loves You*. Ele também é o editor de *The Best of Mises*. Ele fala amplamente sobre tópicos de economia, tecnologia, filosofia social e cultura.

SOBRE O AIER

Sobre o AIER

The American Institute for Economic Research em Great Barrington, Massachusetts, foi fundado em 1933 como a primeira voz independente para economia sólida nos Estados Unidos da América. Hoje, ele publica pesquisas em andamento, hospeda programas educacionais, publica livros, patrocina estagiários e acadêmicos. É o lar da mundialmente famosa Bastiat Society e do altamente respeitado Sound Money Project. O American Institute for Economic Research é uma instituição de caridade pública 501c3.

ÍNDICE

Índice Remissivo e Onomástico

A
Academia Nacional de Ciências, 214
Adams, John (1735-1826), 2° presidente dos Estados Unidos da América,
Administração dos Veteranos, 79, 164-65
Agência Espacial Israelense, 18
Aids, 100
Amanhecer Violento [*Red Dawn*], de John Milius, 164
Americanos pela Reforma Tributária, 207
Andrews, Daniel Michael (1972-), 128, 130
Antigo Testamento, 182
Anvisa, 41
Amtrak, 186
Atkeson, Andrew, 63
Auckland, 124, 126
Aventura na África, Uma [*The African Queen*], de John Huston, 171

B
Balcãs, 99
Balé de Nova York, 82
BBC, 26, 90, 209
Beatty, Henry Warren (1937-), 189
Bélgica, 60
Ben-Israel, Isaac (1949-), 18, 60
Berkshires, 82
Bhakti, Sucharit Punyaratabandhu (1946-), 20
Bhopal, Raj S., 54-55
Bíblia Sagrada, 181
Bielo-Rússia, 216
Biologia essencial para leigos, 47
Bjørnskov, Christian, 62
Blasio, Bill de (1961-), 44
Bonde Chamado Desejo, Um, peça da Broadway, 171
Brasil, 60, 115, 229
Briggs, William, 18
Broadway, 81, 84, 171, 173
Brown, Taleed, 29, 186
Bryant, Louise (1885-1936), 189
Burundi, 61
Bush, George W. (1946-), 43° presidente dos Estados Unidos da América, 88, 154-55, 158, 160
Byrd, William (1543-1623), 84

C
Camelot, 126
Camus, Albert (1913-1960), 27, 50
Caneva, Duane C., 164
Carnegie Hall, 82
Casa Branca, 45, 155
Centro de Controle de Doenças (CDC), 40, 88, 169, 173
Centro Médico John Muir, 106
Chicago, 83, 103, 156, 164, 169
Chile, 60

China, 20, 39, 163, 180, 221
Cingapura, 173
Cleveland, 42
Clinton, Hillary Diane Rodham (1947-), 203
Clorox, 94-95
Clube de *jazz* Blue Note, 83
CNBC, 204
CNN, 204
Cole, Charles, 29, 83
Condado de King, Washington, 42
Conselho em Pesquisa e Desenvolvimento de Israel, 18
Conselho Estadual de Saúde de Minnesota, 170
Conselho Nacional para Pesquisa e Desenvolvimento de Israel, 60
"Contenção direcionada em camadas" (*Targeted Layered Containment* [TLC]), 24
Constant de Rebeque, Henri-Benjamin (1767-1830), 223
Coral Mórmon Tabernacle, 83
Coreia do Sul, 44, 187, 200
Covid-19, 13, 17, 20, 23, 26, 39-40, 42-43, 45-46, 57, 60-61, 63-64, 66, 75, 79-80, 85-89, 99-00, 102-03, 106, 118, 124-28, 131, 136, 139, 143, 147-48, 158, 163, 67, 171, 174, 176, 178-79, 186, 191, 196, 199, 205-07, 209-15, 218-19, 223, 229
Cuomo, Andrew Mark (1957-), 44, 120, 188

D
Dakota do Sul, 215
Dança Kabuki, 191, 215
DeBoisblanc, Michael W., 106
Depressão, 167
Derrett, J. Duncan M. (1922-2012), 181
Dez Dias que Abalaram o Mundo, de Jack Reed, 185
"Did Lockdown Work? An Economist's Cross-Country Comparison", artigo de Christian Bjørnskov, 62
"Distanciamento social", 24, 79, 88, 96, 98, 154-56, 158, 161-62, 169, 177, 206, 215
Dowden, Oliver James (1978-), 84

Dresden, Alemanha, 69
"Drogas, Suicídio e Crime: Estimativas Empíricas do Custo Humano do Fechamento", artigo do Instituto Americano para Pesquisa Econômica, 105
Duchin, Jeffrey, 42

E
Earle, Peter C. (1937-), 29, 214
Eastman, Max (1883-1969), 189
Edsel, divisão da Ford Motor Company, 173
Epidemia de poliomielite de 1949-1952, 49, 153, 167-68
Escola de Saúde Pública de Harvard, 18
Espanha, 60
Estado de Direito, 69, 166, 202
Estados Unidos da América, 17-18, 43, 45, 62, 88, 114, 136, 155, 163, 167-69, 171, 173-74, 176, 186-87, 189, 217, 219, 221, 229, 239
Estudos de Segurança da Universidade de Tel Aviv, 60

F
Fauci, Anthony Stephen (1940-), 18, 33, 40, 140, 208
Federal Reserve, 177
Ferguson, Neil Morris (1968-), 87, 136, 160
Festival de música de Tanglewood, 82
Flórida, 18, 213, 229
Floyd, George (1973-2020), 196
Food and Drug Administration (FDA), 41
Ford Motor Company, 173
Fox, 204
França, 60, 187
Fundação Bill e Melinda Gates, 40
Fundação Nacional para a Paralisia Infantil, 171

G
Garotos e Garotas, peça da Broadway, 171
Gates, William "Bill" Henry III (1953-), 48, 88
Gato de Chapéu, O, livro infantil, 48

Geórgia, 18
Gericke, Carla (1972-), 86
"God We Trust, In" [Em Deus confiamos], 173
Goldman, Emma (1869-1940), 189-92
Gorvett, Zaria, 99
Grateful Dead, 177
Greninger´s, na Universidade de Washington, 42
Gripe asiática de 1957-58, 49, 137, 163, 172, 175
Gripe espanhola de 1918, 17, 49, 79, 136, 149, 154-55, 168, 172, 174
Gripe de 1958, 17
Gripe de 1968, 172
Gripe de Hong Kong de 1968-69, 49, 86, 137, 173-74, 176
Gripe suína de 2009 (H1N1), 43, 49
Grupo MIDAS, 165
Guerra da Coreia, 176
Guerra do Vietnã, 176-78
Guerra Fria, 173
Guerra Revolucionária, 143

H

H1N1 (gripe suína), 43, 49, 159, 164
H2N2, 173
H3N2, 176
Handel, Georg Friedrich (1685-1759), 84
Harwood, E. C. (1900-1980), 223
Hayek, Friedrich August von (1899-1992), 41, 45, 51-52, 111, 113, 201, 231
Henderson, Donald Ainslie (1928-2016), 49, 63, 142, 157, 160, 200
Hidroxicloroquina, 99
History of Economic Thought, de Murray Rothbard, 54
Hulse, E. V., 182

I

Idade Média, 25, 69, 155, 221
I Love Lucy, série televisiva, 173
Imperial College de Londres, 18
Inglaterra, 56, 84, 143

Instituto Americano de Pesquisa Econômica (AIER), 20, 111
Israel, 18
Itália, 60

J

Jefferson, Thomas (1743-1826), 3º presidente dos Estados Unidos da América, 189
Journal of NeuroInterventional Surgery (JNIS), 103

K

Keaton, Diane Hall (1946-), 189
Kennedy Center, 82
Kenyon, Todd, 62
Kissinger, Henry Alfred (1923-), nascido Heinz Alfred, 205
Kopecky, Karen, 63
Kremlin, 185

L

Lancaster, New Hampshire, 86
Lancet, The, 80
Leis suntuárias norte-americanas da época colonial, 222
Lenin, Vladimir Ilych Ulianov (1870-1924), conhecido como, 189
Lincoln Center, 82
London Oratory Junior Choir, 84
London Oratory Schola, 84
Los Alamos, 165

M

Mackay, Charles (1814-1889), 73, 75
Magness, Phillip W., 29, 87, 136, 157
Magrath, James, 170
Manhattan, 72
Mão Negra italiana, 171
March of Dimes (Marcha dos Dez Centavos), *ver* Fundação Nacional para a Paralisia Infantil,
Massachusetts, 17, 45, 82
McNeil, Daniel (1853-1918), 79, 136
Medicaid, 178
Medicare, 178
Medicare for All [Saúde para Todos], 44

Melbourne, 128-31, 211
Memorando de Extraordinários Engodos Populares e as Loucuras das Multidões, de Charles Mackay, 73
Merkel, Angela Dorothea (1954-), chanceler da Alemanha, 20
Mecher, Carter 79-80, 155, 164-65
Messias, O, de Georg Friedrich Handel, 84
México, 60
Michigan, 102
Miller, Stephen, 29, 63
Minnesota, 96, 170
Moçambique, 61
Moir, Nathaniel L., 176
Movimento Bauhaus, 69

N
National Bureau of Economic Research (NBER), 63, 96
National Interest, 176
Netflix, 68
New Hampshire, 86
New England Journal of Medicine, 221
New York Times, The, 45, 79, 90-91, 95, 107-08, 124, 136, 139-41, 147, 154, 158, 163, 174, 203, 219, 227
Nova York, 44-45, 55, 74, 82, 99, 120, 123, 138, 144-45, 167, 171, 186-88
NPR, 90
Northwestern Medicine em Chicago, 103

O
O'Neill, Eugene (1888-1953), 189
Onze de Setembro, 195
Organização para a Cooperação e Desenvolvimento Econômico (OCDE), 214
Oriente Próximo, 182
Orquestra Sinfônica de Boston, 82
Oshinsky, David M. (1944-), 170
OurWorldinData, 40

P
Países Baixos, 60
Pancevski, Bojan, 177

Parlamento inglês, 84
Páscoa, 181, 195, 213
Peru, 60
Peste, A, de Albert Camus, 27, 50
Peste Negra, 203
Polio: An American Story, de David M. Oshinsky, 170
Porcupine Freedom Festival, 86
PorcFest, de New Hampshire, *ver Porcupine Freedom Festival*,
Presley, Elvis Aaron (1935-1977), 173
Primeira Guerra Mundial, 48, 151, 175, 189
Prisioneiro do Rock [Jailhouse Rock], de Richard Thorpe, 173
Psychology Today, 39

R
"Red Dawn", 164
Reds (1981), de Warren Beatty, 189
Reed, Jack (1887-1920), 185, 188-92
Rei e Eu, O, peça da Broadway, 171
Reino Unido, 26, 54, 60, 69, 83, 87, 99, 127, 180
Renda Básica Universal (UBI), 44
Revolução Americana, 142, 220
Revolução Bolchevique, 185, 189, 191
Revolução Capitalista, 222
Revolução Russa, *ver* Revolução Bolchevique
Rio East, 144
Rogers Campground, New Hampshire, 86
Roosevelt, Franklin Delano (1882-1945), 32º presidente dos Estados Unidos da América, 48
Rothbard, Murray N. (1926-1995), 54, 56-58
Ruanda, 61
Rússia, 94, 173, 188-90

S
San Angelo, Texas, 170
San Marino, 60
Sanders, Bernard "Bernie" (1941-), 44
São Marcos, livro bíblico, 181
Seattle, 42
Segunda Guerra Mundial, 47, 55, 68-69, 161, 163, 167, 180

Sheen, Charlie (1965-), nascido Carlos Irwin Estévez, 164
Simão, *o Leproso*, 183
Síndrome respiratória aguda grave (SARS), 19
Síndrome respiratória do Oriente Médio (MERS), 19
Sinfônica de Chicago, 83
Slate, 39
Smith, Adam (1723-1790), 56, 65, 197
Smith, Warren (1946-2020), 29
Sociedade de Cirurgia Neuro-interventiva (SNIS), 103
Spring Break na Flórida, 213
Sri Lanka, 61
Stapleton, Lois Maureen (1925-2006), 189
Suécia, 44, 55, 60, 140, 187, 200, 215
Swayze, Patrick Wayne (1952-2009), 164

T

Tácito (56-120), 128
Taiwan, 215
Tallis, Thomas (c.1505-1585), 84
Tanzânia, 61
TED Talks de Bill Gates, 48
Telegraph, The, 83
Teoria do "achatamento da curva", 89
Teoria do *pot commitment* de Pete Earle, 214
Texas, 18, 83, 170, 211
Toys 'R' Us, 173
Trotsky, Leon (1879-1940), nascido Lev Davidovich Bronstein, 189
Truman, Harry S. (1884-1972), 33° presidente dos Estados Unidos da América, 167, 169
Tucker, Jeffrey Albert (1963-), 13-14, 17-18, 20
Turgot, A. R. J. (1727-1781), 56
Twitter, 29, 91, 100, 111, 223-24

U

Uganda, 61

Universidade de Michigan, 102
Universidade de Oxford, 60-62, 66, 124-25, 149
Universidade de Stanford, 20, 42, 44, 123
Universidade de Washington, 42
USA Today, 40

W

Wall Street Journal, 90-91, 177, 205
Walnut Creek, Califórnia, 106
Washington, D. C., 42, 155, 173
Washington, George (1732-1799), 1° presidente dos Estados Unidos da América, 57, 143-45, 148
Washington Post, 41, 90
West Side Story, peça da Broadway, 173
Whitmer, Gretchen Esther (1971-), 102
Williams, Ralph Vaughan (1872-1958), 84
Wisconsin, 96
"With Knowledge Comes Calm, Rationality, and, Possibly, Openness", artigo de Jeffrey Tucker, 74
Wittkowski, Knut M (1954-), 29, 55
Woodstock (festival), 86, 176-77, 179
Worldometer, 40
Wuhan, China, 39
WSJ, 204

V

VanWagner, Lisa, 103
Vick, 108
Victoria, Austrália, 128, 130-31

Y

YouTube, 55

Z

Zha, Tao, 63
Zoom, 68, 107, 111, 209

Acompanhe a LVM Editora nas Redes Sociais

https://www.facebook.com/LVMeditora/

https://www.instagram.com/lvmeditora/

Esta obra foi composta pela Spress em
Baskerville e TW Cent MT(título) e impressa em Pólen 80g.
pela Rettec Artes Gráficas e Editora Ltda para a LVM em abril de 2021.